北京市哲学社会科学北京学研究基地项目
北京联合大学市级重点建设学科人文地理学资助
北京市属高等学校高层次人才引进与培养计划项目资助

北京学丛书·流影系列 主编 张妙弟

北京寺庙观堂

张帆 田雪 著

北京大学出版社
PEKING UNIVERSITY PRESS

写在前面的话

　　北京是闻名于世的历史文化名城,堪称世界"东方文化之都"。她具有悠久的历史,拥有内涵丰富、数目庞大的文化遗产。近年来随着社会各界对文化遗产认识的日益提升,政府工作力度的逐步加大,以及学界对其研究的不断深入,国内外读者对于北京历史文化方面的出版物也表现出了更加浓厚的兴趣,提出了更多的要求。

　　北京又是一座朝着现代化目标迅速迈进的城市,节奏之快、变化之剧已成为这个城市又一个显著的特征。以历史的眼光来看今天,今天也是"历史",它是明天的"昨天"。所以,"今天"如"昨天"一样,需要有更多更好的出版物进行记录。

　　历史是长河,永远奔腾不息。文化在流淌,随时随地随形。有人说,"在古老的经典里,时间始终是一个谜团"。我认为这只是因为,在历史的长河中,世间万象的演绎从不会停止;在文化的流淌中,世间万象的变化是永恒的。

　　根据北京的城市性质和以上认识,北京市哲学社会科学北京学研究基地与北京大学出版社合作,推出了"北京学丛书"(该丛书分为"流影"和"纪实"两个系列)。"北京学丛书·流影系列",以影像记录为主要表现形式，完成一套以研究为基础，以普及为目的，以服务建设中国特色、北京特点世界城市为宗旨的出版物。历史长河，文化海洋，忠实记录，流动瞬间——是该丛书名称中"流"字的依据，意在突出忠实记录历史流变中的瞬间。该丛书内容选择的四项原则是：符合"人文北京"内涵，有较好的研究基础，适合影像方式，适应出版物市场需要。

"北京学丛书·流影系列"是一个开放的体系，无论是"昨天"还是"今天"，无论是哪个领域，在符合上述"四项原则"的前提下，只要能自成"一题"或"一体"就可以成为丛书中的一册。

愿每一册"流影"成为北京历史长河中的一朵浪花。

张妙弟

目 录

序/008

第一章
北京的道教宫观/012
一 全国重点文物保护单位/014
二 北京市文物保护单位/030
三 区县文物保护单位/074

第二章
北京的佛教寺庙/094
一 全国重点文物保护单位/097
二 北京市文物保护单位/191
三 区县文物保护单位/236

第三章
北京的清真寺/243
一 全国重点文物保护单位/246
二 北京市文物保护单位/250
三 区县文物保护单位/254

第四章
北京的教堂/271
一 全国重点文物保护单位/274
二 北京市文物保护单位/288
三 区县文物保护单位/292

后记/296

小序

梁思成先生在他的《北京——都市计划的无比杰作》一书中写道："……这样一个城市是一个举世无双的杰作。我们承继了这份宝贵的遗产，的确要仔细地了解它——它的发展历史，过去的任务同今天的价值。不但对于北京个别的文物，我们要加深认识，且要对这部署的体系提高理解，在将来的建设发展中，我们才能保护固有的精华，才不至于使北京受到不可补偿的损失。并且也只有深入地认识和热爱北京独立的和谐的整体格调，才能掌握它原有的精神来作更辉煌的发展，为今天和明天服务。"

作为北京宗教文化主要载体的寺庙观堂，既是"个别的文物"，又是"这部署的体系"的重要组成部分。从历史文化名城角度来看，这些寺庙观堂就像颗颗瑰宝闪耀在历史的长河之中和灿烂的文化舞台之上。从北京这座国际化大都市已经确立的建设中国特色世界城市的目标来看，这些寺庙观堂所承载的历史文化将同北京整个的历史文化一起，成为"掌握它原有的精神来作更辉煌的发展"的一个宝库。

2013年8月，习近平同志在全国宣传思想工作会议上强调指出："中华文化积淀着中华民族最深沉的精神追求，是中华民族生生不息、发展壮大的丰厚滋养"，"对我国传统文化，对国外的东西，要坚持古为今用、洋为中用、去粗取精、去伪存真，经过科学的扬弃后使之为我所用。"习总书记说:"中华民族创造了源远流长的中华文化,中华民族也一定能够创造出中华文化新的辉煌。"

北京的寺庙观堂是北京悠久历史文化的载体。谚语"先有潭柘寺,后有幽州城"在北京地区广为流传,赵朴初先生还为潭柘寺题写了"气摄太行半,地辟幽州先"的对联。尽管潭柘寺早于幽州城的说法目前尚缺乏可靠的史料支撑,但也不能完全排除其可能性。潭柘寺、戒台寺、云居寺、法源寺、灵光寺、卧佛寺等的历史都在千年以上。道教自东汉产生后,就开始在幽州地区传播,始建于唐朝的天长观是历史上有记载的北京地区的第一座道观。北京最古老的清真寺是牛街礼拜寺,《古教西来历代建寺源流碑文总序略》记载了该寺始建于宋代,古建专家刘敦桢教授考证了礼拜殿后窑殿藻井彩绘出自北宋年间建筑画家之手。综观各教,北京千年以上的寺庙观堂不在个别,现存者多数始建于元、明、清各代,可以说,它们与北京城风雨同舟,沧桑共渡。

北京的寺庙观堂是北京相应时代社会的写照。如,云居寺石经刻造工程。就国家的社会政治背景而言,自晋至唐五代,中国北方经历了四次大规模的"灭佛"事件,即"三武一宗法难",其实质是作为外来宗教的佛教在中国传播与本土化过程中与儒教、道教碰撞、融合的具体体现。为避免佛教经书刹那间化为灰烬,僧人静琬开创了云居寺石经刊刻工程。当时云居寺所在的北齐,毗邻"灭佛"的北周而没有卷入,反而成了沙门的避风港,为佛教在燕赵之地的发展带来了契机。又如,元大都的多教共荣。自成吉思汗开始,元帝国统治者对各种宗教采取"一视同仁,皆为我用"的政策。蒙哥汗曾有一个生动形象的说法:"我们相信只有一个神,我们的生死都由它掌握,我们也诚心信它……但是如同神赐给我们五根不同的手指,它也赐给人们不同的途径。"[①] 在这种大背景之下,元大都各教的寺庙观堂欣欣繁荣。元世祖忽必烈敕建的大圣寿万安寺在大都藏传佛教寺庙中首屈一指,寺内白塔至今是北京城的标志性建筑。元英宗所造寿安山寺的佛像(今北京西山卧佛寺之卧佛)"冶铜五十万斤",创历史之最。景教是基督教传入中国后的教派的称呼,其复兴也是在元帝国时代。当时元大都建设了一批景教教堂。遗存至今作为全国唯一一处有遗址、有十字碑刻、有文献记载的景教遗址,就在北京房山区三盆山。可以认为,北京寺庙观堂折射北京历代王朝兴衰是其特有的一个文化特征。

[①] 参见《柏朗嘉宾蒙古行纪:鲁布鲁克东行纪》(耿昇、何高记译),中华书局1985年版,第302页。

北京的寺庙观堂是北京文化遗产的宝库。构成寺庙观堂本体的建筑、雕塑、绘画、碑刻、园林，很多位列文物之中，具有极为丰富的文化内涵。加上依附其中的历史信息、收藏的可移动文物、宗教仪规仪式、附属的庙会文化等组成了一座座极为丰富深邃的文化遗产宝库。云居寺一万五千余块石经，使云居寺不仅成为世界佛教典籍的石书库，而且其集十一代书法艺术、六千八百余条题记更使其具有了无可比拟的艺术价值和文献价值，云居寺石经被誉为继陕西秦始皇兵马俑之后的又一个世界奇观。北京寺庙观堂的文化遗产数不胜数，诸如中外佛教信众的朝拜圣地——灵光寺佛牙舍利塔、中国壁画杰作——法海寺《帝释梵天图》、最具皇家特色的佛教殿堂——颐和园佛香阁、智慧海、供奉全真龙门派宗师、北真七子中最负盛名之高道丘处机的白云观丘祖殿、北京伊斯兰教协会所在的东四清真寺、北京最早的天主教堂——南堂、由多种风格建筑单元组成的基督教亚斯立堂等等，无一不是历史的杰作。可以说，其中宏伟建筑、美妙景观、精美收藏、丰富非遗，件件都是北京文化遗产的瑰宝。

北京的寺庙观堂是展示北京"包容"精神的重要窗口。中华民族海纳百川的包容精神，使得佛教、天主教、基督教、伊斯兰教等外来宗教逐步实现了在中国的本土化，成为中华民族传统文化的重要组成部分。北京作为千年古都和首善之地，自元代开始就已经形成了道教、佛教、天主教、基督教、伊斯兰教五大宗教长期和谐共存的良好局面。和而不同、多元共存是北京文化的重要特征，也是北京宗教文化的一大亮点。这在世界范围来看，都非常难得而越显珍贵。在北京，不同宗教的寺庙观堂比邻而立、和平共处是一种常态。一个典型例子就是在宣南一个不大的空间地域内，分布着道教白云观、佛教法源寺、伊斯兰教牛街礼拜寺、天主教南堂、基督教珠市口教堂五个重要的宗教场所。不同宗教之间，广大教众和睦相处，千年寺观、西式教堂、中阿合璧的清真寺交相辉映，令人感慨。北京宗教之间的包容大度在佛、道两教之间还有一种突出表现。佛教寺院与道教庙观中兼供两教神像的情况，不在少数。一些关帝庙、真武庙常常并供佛教诸神，而佛教寺院除菩萨、罗汉之外，还会出现关帝、真武、火神、龙王、雨王、娘娘、土地等神像，作为佛教寺院的弘兴寺更是并列供奉儒释道三像。可以认为，以上现象的出现，固然是民众信仰的实用性这个外因所致，其内在的因素乃是北京宗教文化的包容品格。

将之纳入文保体系是保护北京寺庙观堂的重要举措。作为全国政治和文化中心的北京，在宗教文化领域中占有显赫地位。自元大都时代开始，北京就成为各宗教的发展中心。明代的文献有记载，当时全城内外的寺、庵、宫、观、庙、堂、祠共有千余座，西山风景优美的地方以及环城百里敕建的寺庙、香火墓地比比皆是。清乾隆时期的京城全图中标出的寺庙有1207座；1928年在北平特别市登记的寺庙1631座；1947年为1920座。可以说，北京寺庙观堂的数量在全国始终是首屈一指。从现存的寺庙观堂来看，漫长的岁月风雨在它们身上留下了沧桑斑痕，每一座寺庙都承载着北京厚重的历史文化。1949年之后，北京重要的寺庙观堂逐渐纳入了文物保护体系。在这个由国家、市、区县三级组成的保护体系中，不仅寺庙观堂本身得到了保护，并且为各宗教及其文化的传承和发展发挥了重要作用，为北京城市文化品格的传承和发展发挥了重要作用。

从目前来看，对当代北京文保体系中的寺庙观堂以影像为主、文字为辅的著述尚付阙如。本书作者在对北京市文保体系中142座寺庙观堂考察实践的基础上，查阅文献、档案资料，以350余幅影像图片为主线，展示了北京寺庙观堂文化演进的历程、历史作用及其文化特点，可谓难能可贵。相信此书的出版将会对北京历史文物的保护与建设起到添砖加瓦的作用。

是为序。

佟洵

2014年12月25日

第一章
北京的道教宫观

第一章 北京的道教宫观

道教是根植于中国本土文化的宗教，渊源于中国古代的巫术、秦汉时期的神仙方术、黄老思想和阴阳五行观念，具有鲜明的民族文化特色。道教宫观是道教文化的物化实体，在形式上为建筑，而在内涵上是文化，存在于"道教宫观"这种宗教活动场所里，即特定空间内的文化。

中国早期道教自东汉顺帝时期在民间产生后就开始在北京地区流传，据历史文献记载，当时北京地区是太平道的传教区域。中国早期道教的形成阶段在教理教义和宗教礼仪方面尚不完备，因此也没有形成固定的宗教场所。道教在北京地区真正得到发展是在北朝时期，尤其是北周统治者对道教采取了支持与扶植的政策，客观上促使流行于民间的道教转化为上层化的为封建统治阶级服务的贵族道教，从而为道教在隋唐时期的发展与繁荣奠定了基础。

北京地区有据可考的道教宫观始建于唐代，唐朝开元年间（713-741年）天长观在北京地区落成，便开启了道教各个派别在北京地区传道建观的历史，由此道教在北京地区也取得了长足的发展。由于北京是五朝帝都，先后经历了三十四位皇帝，出于政治与信仰的需要，历朝帝王多崇信道教，京城内外敕建的道教宫观为数众多，而民间修建的道教宫观更是种类繁多，数不胜数。

至民国年间，北京的道教宫观类型主要有关帝庙、观音庙、龙王庙、真武庙、娘娘庙、土地庙、火神庙、财神庙、药王庙、吕祖宫、城隍庙、三圣祠、五圣祠、七圣祠、二郎庙、山神庙等。北京道教宫观主祀神灵众多，而且儒、释、道各方神灵共祀的现象十分普遍，关公、观音、龙王受到社会各阶层的广泛崇拜。据北京市档案馆编写的《北京寺庙历史资料》记载，1928年时北京地区存有道教宫观500余处，其中数量位居榜首的是关帝庙，共有283座，观音庙名列第二，以下依次为龙王庙、真武庙和娘娘庙。这一统计数字说明，北京在近代时期经济发展较为缓慢，生产力水平较低，京城地区大部分民众生活以农业耕作为主，对自然生态的依赖程度较大。而道教宫观里的神灵来自于生活，与民众息息相关，自然成为百姓生活的希望。

北京地区的道教宫观曾经是京城百姓生活的重要组成部分，是民众寄托精神信仰的场所。随着时代的发展，京城历史上林林总总的道教宫观大多已不复存在。北京地区现存的道教宫观历史遗存中，计有全国重点文物保护单位4处，北京市文物保护单位23处，这些遗存都是研究北京传统文化的宝贵资源。

一 全国重点文物保护单位

1. 大高玄殿

大高玄殿，全国重点文物保护单位，位于西城区三座门大街23号，是明清时期规格最高的道教皇家建筑群。始建于明嘉靖二十一年（1542年），嘉靖二十六年毁于大火，明万历二十八年（1600年）重建。清代因避圣祖康熙名讳，改名为"大高元殿"，后更名"大高殿"。清雍正八年（1730年）、乾隆十一年（1746年）、嘉庆二十三年（1818年）都曾进行修缮。

大高玄殿的整体建筑坐北朝南。大门外的东、西、南面各有一座牌楼，均为木结构，三间四柱，呈品字形排列。明代时南牌楼北的东西两侧有两阁，清代时已不存在。清代建有习礼亭，也叫做音乐亭，平面呈方形，四面出抱厦，正面为三重檐，屋背十字交叉，上置黄琉璃瓦，檐下施旋子彩画，门窗为三交六椀菱花格，亭内屋顶有盘龙藻井，四周绘以"三皇治世"图案。四面抱厦各有绘龙凤图案的藻井，十分精致。大高玄殿共有两重琉璃门，均为并列的三座拱券形门洞，第一重门明朝时题有"始青道境"。第二重门为大高玄门。大高玄门正北是大高玄殿，面阔七间，进深16米，黄琉璃瓦重檐庑殿顶，上檐七踩单翘重昂斗拱，下檐五彩重昂斗拱，施金龙和玺彩画。大殿前有东西配殿各五间，均为绿琉璃瓦歇山顶，前出廊，一斗二升交麻叶斗拱，施旋子彩画。大高玄殿北是九天万法雷坛，面阔五间，单檐庑殿顶，绿琉璃瓦黄剪边，五彩重昂斗拱。大高玄殿最北边的建筑是一座两层阁楼，上圆下方。上层有匾额"乾元阁"，是由八根柱子构成的圆攒尖顶亭子，顶部铺紫琉璃瓦，象征"紫气东来"。下层有匾额"坤贞宇"，方形，腰檐铺黄琉璃瓦，单翘单斗拱，南面明间为四扇隔扇门，两次间为槛窗。

大高玄殿紧邻皇城，在明朝时主要作为皇帝进行道教活动的宫观，清代时成为皇帝为国为民进行政治性祭祀的场所，政治、宗教地位有了显著提高。

▶ 应元雷坛（孙明进摄）

正门（张斌摄）

大殿（孙明进摄）

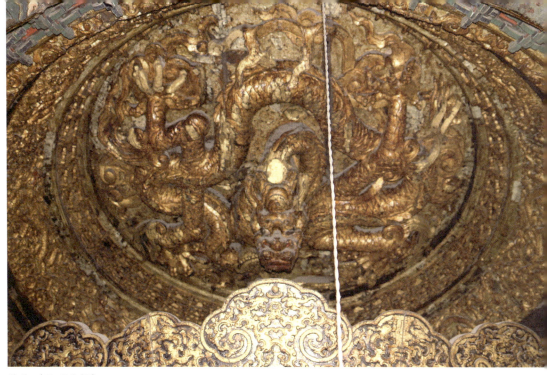

藻井（孙明进摄）

鼓楼（张斌摄）

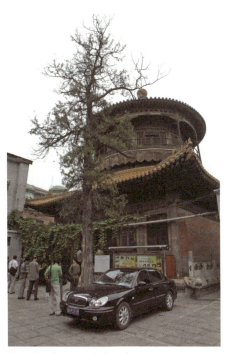

乾元阁（孙明进摄）

2.东岳庙

东岳庙,全国重点文物保护单位,位于朝阳区朝阳门外神路街,是道教张天师正一派在华北地区的第一大庙宇,素以神像多、楹联多、碑刻多闻名,与道教全真龙门派祖庭白云观堪称北京现存的两座最大的道教宫观。该庙始建于元代延祐六年(1319年),由玄教大宗师张留孙和其弟子吴全节募资兴建,原名"东岳仁圣宫"。明、清时期多次修葺,清道光年间(1821-1851年)扩建东、西两个跨院。1900年八国联军侵华期间,东岳庙遭到毁灭性破坏。新中国成立后,东岳庙被修葺一新形成今日规模。

东岳庙坐北朝南,由中路正院和东、西两跨院组成。正门前有一三间四柱七顶黄绿相间的琉璃牌楼,正脊两端有鸱吻和螭吻,中间饰有火焰宝珠,牌楼正面镌刻"秩祀岱宗"四字,背面镌刻"永延帝祚"四字。中路正院主要建筑包括棂星门、瞻岱门、岱岳殿(又名仁圣宫)、育德殿、玉皇殿等。进瞻岱门始自左右再向北环绕的庑殿为地狱七十六司殿,供奉716尊神主的神像。再向北左有广嗣殿、太子殿,右有阜财殿、太子殿。岱宗宝殿左右有三茅真君祠堂、吴金节祠堂、张留孙祠堂、山府君祠堂、蒿里丈人祠堂等,后为后罩楼。东跨院为花园,西跨院为规制不一的小型殿宇,多为民间善会修建。

东岳庙碑林位于七十六司和岱宗宝殿之间的空地上,共89通,其中被玻璃钢罩重点保护起来的,是由元代著名书法家赵孟頫行书的《大元敕赐开府仪同三司上卿玄教大宗师张公碑》,简称《张天师神道碑》,详细记载了张留孙的生平事迹,不仅是书法艺术的极品,还具有极高的史料价值,是国家一级重点保护的文物,为东岳庙的"镇庙之宝"。

东岳庙的庙会是京城历史最悠久的庙会之一,尤以春节期间庙会时间最长。人们逛东岳庙庙会不仅可以祈福,还可以购物和娱乐,可谓集经济、文化、宗教功能于一身,对老北京人的生活产生了重大影响。

琉璃牌楼

康熙御笔匾额

小京流影 BEIJING LIUYING
北京寺庙观堂

瞻岱门

碑林

东岳庙神像（首都图书馆提供）

3. 白云观

白云观，全国重点文物保护单位，位于西城区西便门外滨河路上，为道教全真龙门派祖庭，是北京现存最大的道观，素有"道教全真第一丛林"之称。今中国道教协会、中国道教学院、中国道教研究所等全国性机构均设在白云观。白云观始建于唐开元二十七年（739年），初名"天长观"。金代曾改名"太极宫""长春宫"，金正隆五年（1160年）毁于战火，大定七年（1167年）重修，并赐名"十方大天长观"。明朝时期更名"白云观"并沿用至今，明清时期多次对白云观进行修缮。清末民国初期，白云观因国运衰败而萧条，新中国成立后政府多次拨款修葺。

白云观建筑规模宏大，整体布局采用南北中轴线对称的传统殿院式，分中、东、西三路。中轴线上依次坐落着琉璃照壁、七彩牌楼、山门、灵官殿、玉皇殿、七真殿（老律堂）、邱祖殿、三清阁、四御殿和后花园。雷祖殿、三星殿、慈航殿、真武殿、罗公塔、斋堂、道众的寮房，以及中国道教协会、中国道教学院等办公区位于东路。吕祖殿、八仙殿、元辰殿、文昌殿等供奉一般道教诸神的配殿和祠堂院位于西路。

白云观现今的牌楼始建于明正统八年（1443年），为四柱七层、歇山式建筑，正面镶嵌"洞天胜境"，背面书写"琼林阆花"。牌楼对面是一座大红影壁，上镶嵌绿琉璃瓦烧制而成的"万古长青"四字。山门为一座石砌三券拱门，门楣上书"敕建白云观"五个大字。山门后有一座单孔南北走向的汉白玉桥，名"窝风桥"。窝风桥北面为灵官殿，原名"四帅殿"，殿内供奉白云观内主祀道教护法神灵官爷。灵官殿北面是玉皇殿，原名"玉历长春殿"，殿内供奉昊天金阙至尊玉皇大帝，墙壁上挂有南斗星君、北斗星君、三十六帅、二十八宿的绢丝工笔彩画。老律堂位于玉皇殿北，因殿内供奉全真派祖师王重阳的七大弟子（马丹阳真人、刘处玄真人、谭处端真人、邱长春真人、郝大通真人、王处一真人、孙不二真人），也称"七真殿"。坐落在中轴线的中心建筑是邱祖殿，原名"处顺堂"，殿内供奉全真道龙门派宗师邱祖。邱祖殿后是白云观最高的建筑三清阁和四御殿，是一座上下两层为一体的阁楼式建筑。上层为三清阁，供奉道教三位天尊：玉清元始天尊、上清灵宝天尊、太清道德天尊（太上老君）。下

牌坊

层为四御殿,供奉昊天金阙至尊玉皇大帝、中天紫微北极大皇大帝、勾陈上宫南极天皇大帝、承天效法后土皇地祇。中轴线另有三官殿、救苦殿、财神殿、药王殿坐落于东西两侧。

白云观的建筑布局充分体现了道家追求建筑与自然、乾坤互变,阴阳相通的意境。其收藏道教文物之丰富,闻名国内外,有唐朝画圣吴道子的《犹龙图》,元朝书法家赵孟頫的《松雪道德经》《阴符经》石刻等珍品。此外,每年春节初一至初六的白云观庙会成为北京民众消遣娱乐的活动场所。

山门

三清阁与四御殿（张斌摄）

灵官殿

第一章 北京的道教宫观

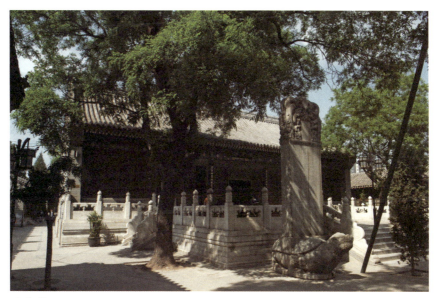
玉皇殿

窝风桥

三清阁内景(张斌摄)

白云观庙会(老照片,引自《旧京史照》)

罗公塔（东路，雍正帝敕封恬淡守一真人，雍正五年坐化）

4.关岳庙

关岳庙，全国重点文物保护单位，位于西城区鼓楼西大街149号。该庙原为道光帝第七子醇贤亲王奕譞修建的醇贤亲王庙，始建于清光绪十七年（1891年）。民国三年（1914年），民国北京政府在后寝祠塑关羽、岳飞像，关岳并祀，称"关岳庙"。1939年3月23日，日伪政府宣称"华北临时政府在此恢复武成王庙"，将其改称"武成王庙"，简称"武庙"，将大殿和关岳殿分别改称"武成殿"和"武德堂"。1950年用于西藏达赖喇嘛驻京办事处，后被西藏自治区人民政府驻京办事处占用至今。

关岳庙坐北朝南，占地面积约2.5万平方米，前后三进院落。主要建筑集中排列在中轴线上，自南而北依次为琉璃照壁、庙门、中门、正殿、后寝祠，附属建筑分列两侧。正殿重檐歇山顶，殿前月台宽敞，为晚清上乘建筑。中院东西有跨院，西跨院分南北两院，东跨院有神厨、神库、宰牲亭等祭祀性建筑。

正殿（张培力摄）

第一章　北京的道教宫观

后寝祠（张培力摄）

焚帛炉（张培力摄）

二 北京市文物保护单位

1. 吕祖阁

吕祖阁，北京市文物保护单位，位于西城区和平门内新壁街41号。该道观主祀吕岩（吕洞宾），始建于清朝初年，是北京城内现存的主祀吕洞宾的规模最大、等级最高的道教宫观。1941年成为华北道教总会会址，中华人民共和国成立后归国家水利部所有。

吕祖阁坐北朝南，主要建筑依次为山门、钟鼓楼、前殿、中殿、后殿等。前殿前有石狮子一对，后殿为黄琉璃瓦绿剪边，殿前有月台，屋脊有精美砖雕。每月初一、十五，开放两天，每年四月十四日为吕祖诞辰，开放一天。早年这里香火兴盛，观内设有"孚佑帝君灵签"，香客可求财问喜，有的香客还接香灰，以黄纸包起来，称为"炉药"，用来治病。

吕祖像（老照片，引自《旧京史照》）

鼓楼（张斌摄）

精美砖雕（张斌摄）

中殿（张斌摄）

2. 昭显庙

昭显庙，北京市文物保护单位，位于西城区北长街71号。该庙始建于清雍正十年（1732年），因庙内祀雷神，俗称"雷神庙"，为北京皇城内外八庙之一。民国时期，该庙为北京教育会所在地。1925年3月10日在该庙内召开了"国民会议促成会全国代表大会"。中华人民共和国成立后至今，该庙为北长街小学。

昭显庙坐北朝南，原庙中轴线上自南向北依次为影壁、山门、前殿、中殿、后殿。现仅存影壁及后殿。影壁长22米，高约3.5米，绿琉璃瓦硬山调大脊。后殿面阔五间，歇山调大脊，黄琉璃瓦绿剪边。1984年划定保护范围及建设控制地带，保护范围包括北长街小学使用范围，东至规划红线，南、西、北至学校围墙。

后殿（张斌摄）

3. 凝和庙

凝和庙，北京市文物保护单位，位于东城区北池子大街46号。该庙建于清雍正八年（1730年），供奉云神，故又俗称"云神庙"，是清朝等级最高、规模最大的供奉云神的皇家道观。民国时期，改为北平市第四十三小学。2003年文物部门曾对其进行修缮，目前为北京市北池子小学。

凝和庙门坐东朝西，殿宇则均坐北朝南。主要建筑有钟鼓楼及四进大殿。山门前有琉璃瓦顶砖影壁，建在石须弥座上，长22.9米，厚0.95米。山门面阔三间，长16.8米，进深6.6米，歇山调大脊，黄琉璃筒瓦绿剪边，外檐为单昂三踩斗拱，有旋子彩画，彻上明造，五架梁，内檐为单翘斗拱，题额"敕建凝和庙"。钟鼓楼为重檐歇山顶，黄瓦绿剪边，上檐为一斗二升麻叶头，下檐则为单昂三踩斗拱，平升科四攒，有旋子彩画。前殿面阔三间，长10.9米，进深6米，硬山顶调大脊，黑琉璃筒瓦绿剪边，单昂三踩斗拱，平升科四攒，山面六攒，有旋子彩画。正殿面阔三间，长14.4米，歇山顶调大脊，黄琉璃筒瓦绿剪边，重昂五踩斗拱，平升科五攒，前后单步梁，有和玺彩画，六抹方格玻璃门窗，盘龙井口天花。殿前石级正中为御道，雕龙纹汉白玉石。后殿面阔五间，长18.4米，进深8.5米，歇山顶，黄琉璃筒瓦绿剪边，单昂斗拱，平升科六攒，次间四攒，六抹方格玻璃门窗，内檐为单翘三踩斗拱，井口天花。后殿东、西两侧有朵殿，均面阔三间，长10米，进深6.4米，硬山顶灰筒瓦箍头脊。目前，钟鼓楼、天王殿、后照壁均已拆除，山门、大殿尚存。

山门（苑焕乔摄）

第一章　北京的道教宫观

享殿（李长林摄）

敕建凝和庙刻石（苑焕乔摄）

4.宣仁庙

宣仁庙，俗称"风神庙"，北京市文物保护单位，位于东城区北池子大街24号，是清朝等级最高、规模最大的御用供奉风神的皇家道观。它处于故宫外东北部，同凝和庙、昭显庙、万寿兴隆寺等合称为"故宫外八庙"。该庙始建于清雍正六年（1728年），嘉庆九年（1804年）重修。民国后长期被其他单位占用，新中国成立后该庙曾作为中医医院针灸科及中医医院、妇产医院宿舍。2004年重新开始维修。

宣仁庙门坐西朝东，殿宇均为坐北朝南，现影壁、山门、钟鼓楼及几层殿皆存。山门面阔三间，歇山顶调大脊，黄瓦绿剪边，镶"敕建宣仁庙"石额，东西两侧有八字墙。山门南面有一座琉璃砖砌成的影壁，绿琉璃瓦歇山顶调大脊，金边宝相花心，下有石质须弥座。山门内东西两侧为钟鼓楼，均为方形，重檐歇山顶，黄琉璃瓦绿剪边。前殿面阔三间，通阔约10米，通进深约6米，饰旋子彩画，殿内祭祀风伯。中殿为主体建筑，面阔三间，通阔约14米，通进深约12米。殿内饰盘龙井口天花，和玺彩画，正中梁上悬挂雍正皇帝御笔"协和昭泰"匾额。后殿面阔五间，通阔约18米，通进深约9米，饰旋子彩画，是祭祀八风神之所。此三殿均为黄琉璃筒瓦绿剪边歇山顶调大脊。

山门（李长林摄）

已维修的前殿（苑焕乔摄）

维修前的朵殿（李长林摄）

5.黑龙潭及龙王庙

黑龙潭及龙王庙,北京市文物保护单位,位于海淀区温泉寿安山北山腰,是明清两朝皇帝祈雨的地方,由黑龙潭及潭外回廊和潭西龙王庙等多种建筑与石碑组成。建于明成化二十二年(1486年),万历十四年(1586年)、清康熙二十年(1681年)均有重修,清乾隆三年(1738年)封龙神为昭灵沛泽龙王之神。

龙王庙坐西朝东,依山而建,主体建筑建于东西轴线上,有山门、三世佛殿、龙王殿等。主殿的两侧建有配殿和碑亭,全部建筑均为歇山顶,覆以黄琉璃瓦。庙内现存明、清及民国重修碑、御制碑等多块,记载有明、清两代帝王祀祭龙神、祈祷雨泽的经过。

大殿(叶盛东摄)

◀ 享殿丹陛(李长林摄)

御碑亭

依山势而上的石阶

6. 火德真君庙

火德真君庙，全称"敕建火德真君庙"，北京市文物保护单位，位于西城区地安门外大街77号，北京中轴线北端点西侧，其东北方向是鼓楼。该火神庙始建于唐贞观六年（632年），元至正六年（1346年）重修，明中后期多次修缮，清乾隆二十四年（1759年）又对庙内部分建筑进行增设，最终确定建筑格局。经修缮，现为对外开放的道教场所。

火德真君庙坐北朝南，但山门东向。山门外立有一座牌坊，面阔三间，上有题额"离德昭明"。山门面阔三间，进深一间，为黄色琉璃瓦绿剪边单檐歇山顶。山门内有一座东向牌坊，面阔三间，但规模小于山门外的"离德昭明"牌坊。山门南、北两侧为钟楼、鼓楼。前殿为灵官殿，殿门南向，面阔三间，灰筒瓦绿琉璃瓦剪边歇山顶，殿内供奉火神之一王灵官。灵官殿两侧东西配殿均面阔三间，内供奉火祖火师等神灵。灵官殿北是火神庙的主殿——荧惑宝殿，面阔三间，蓝琉璃瓦绿剪边歇山顶，殿内供奉火德之神，所以也叫"火祖殿"。火祖殿西侧有伏魔殿，门东向，面阔三间。主殿偏北左右两侧还有"辅圣""弼灵"等六殿。火祖殿北面是一组二层阁楼，明朝时称之为"万岁景灵阁"，乾隆时称"万寿景命宝阁"，面阔五间，楼上供奉玉皇大帝，又叫"皇极阁"，楼下供奉万寿雷坛、三霄老子、三十六天将等神祇。东西配楼，斗姆阁内供奉北斗群星之母——斗姆真君，关帝殿内供奉关帝、关平、周仓的塑像。最后一进建筑是一座水亭，与什刹海仅有一路之隔。

火德真君庙是北京现存历史最悠久、建筑规模最大、等级最高、最具影响力的专门用于祭祀火神的道观。

火德真君庙

东向牌坊

第一章　北京的道教宫观

火祖殿

斗姥阁

7.都城隍庙后殿

都城隍庙后殿,北京市文物保护单位,位于西城区复兴门内成方街。

都城隍庙始建于元至元七年(1270年),初名"佑圣王灵应庙",明宣德、正统年间多次加以修缮。明嘉靖二十七年(1548年)毁于火灾,次年开始重建。清乾隆二十八年(1763年)进行全面修葺,历时一年。同治十年(1871年),都城隍庙再次遭受火灾,但因国力衰微,未能全面修葺,自此逐渐衰败。新中国成立后,都城隍庙改作水利电力出版社印刷厂,后由于金融街的建设,现只保留下后殿、寝祠五间。庙内还保留有明、清两朝所立的石碑,包括明英宗御制碑,正统十二年(1447年);清世宗御制都城隍庙碑,雍正四年(1726年);清高宗御制重修都城隍庙碑,乾隆二十九年(1764年)等。

都城隍庙建于元朝初年,发展、延续至明清时期,始终作为全国等级最高的城隍庙,是我国历史上城隍神信仰发展、演变的结果。

都城隍庙后殿(张斌摄)

8. 大慈延福宫建筑遗存

大慈延福宫建筑遗存，北京市文物保护单位，位于东城区朝阳门内大街203号。大慈延福宫，俗称"三官庙"，始建于明成化十七年（1481年），庙内主祀三官，即天官、地官和水官三神。明嘉靖四年（1653年）和乾隆三十六年（1771年）两次重修。

大慈延福宫坐北朝南，由正院和东道院组成。正院的主要建筑有：山门，黑琉璃瓦调大脊硬山顶，绿剪边；钟楼、鼓楼，分立山门内东、西两侧；大殿三间，位于山门正北；主殿大慈延福殿，在大殿正北，面阔五间，四面带廊，后有虎尾抱厦，前后左右各有一座碑亭；葆真殿，大慈延福殿的东配殿，黑琉璃瓦顶；法善殿，大慈延福殿的西配殿，黑琉璃瓦顶；紫微殿，位于大慈延福殿以北，面阔五间，左右各带一间耳房；青殿，在紫微殿东侧，面阔三间；清华殿，在紫微殿西侧，面阔三间。东道院的主要建筑有：前殿，位于东道院南侧；通明殿，为中殿，位于前殿以北，面阔三间，黑琉璃瓦歇山调大脊顶；延座宝殿，为后殿，位于通明殿以北，黑琉璃瓦歇山调大脊顶。1950年起，先后有两个单位在大慈延福宫旧址建办公楼，所以大慈延福宫的大部分建筑遭到拆除，石碑也无存，仅余东院的通明殿、延座宝殿及部分西房，院内神像被迁至北京东岳庙育德殿内。

大慈延福宫遗存（苑焕乔摄）

9. 白浮泉遗址——九龙池、都龙王庙

白浮泉遗址——九龙池、都龙王庙，北京市文物保护单位，位于昌平区化庄村东龙山。元代著名科学家郭守敬为引水济槽，解决当时大都的漕运，上奏元世祖引昌平龙山白浮泉，做大运河北端上游水源。至元二十九年（1292年）该段运河（白浮堰）建成，世祖赐名为"通惠河"。明永乐年间曾两度修复通惠河，并于此源头处修建了九龙池，池壁以花岗岩石砌成，龙首均为汉白玉石雕成后嵌入石壁。都龙王庙建于龙山顶，明清时，因"祈天祷雨，最为灵感"而负盛名。龙王庙坐北朝南，由照壁、山门、钟鼓楼、正殿及配殿等建筑组成。院内有明、清修庙记事碑五通，记述当时祈雨、修庙的经过。九龙池与都龙王庙是研究北京水利事业发展史以及古代民俗风情的重要实物。

白浮泉都龙王庙

10. 元圣宫

元圣宫，北京市文物保护单位，位于顺义区牛山镇牛栏山一中。始建年代不详，碑文记载曾重修于明万历年间，现存为清式建筑。

元圣宫坐北朝南，尚存有四进殿宇，自南向北依次为牌楼、仪门、前殿、中殿、后殿及东西配殿等。庙宇上绘有旋子彩画、苏式彩画。后殿规制较高，绿剪边黄琉璃筒瓦，金龙和玺彩画。庙内甬道由青、黄色鹅卵石铺成花卉图案。院中有明代古柏、元代石狮等。

中殿

后殿

彩色石子拼成的甬道

11. 慈善寺

慈善寺，北京市文物保护单位，位于石景山区天泰山西侧平台上，又称"天台寺"，是京西一座集佛教、道教和民间诸神为一体的庙宇，始建于明代。

慈善寺坐北朝南，由正院、东跨院、东山殿区和山门殿区四部分组成，各殿宇按照"北斗七星"排列。慈善寺的山门在崖南，门楼上有文昌庙一间。入门后是接引佛殿，内供接引佛一尊。山门至主寺相去一里许，由一条依山曲径相通，相当清幽。主寺门前有一排殿堂，自南而北依次为观音阁、灵官殿、王三奶奶殿、弥勒佛殿、娘娘殿、火神殿、龙王庙、吕祖殿、马王殿。主体院落分东西两路，西路殿堂依次为一进韦驮殿、二进大悲殿、三进魔王殿，左配殿为达摩殿、地藏殿，右配殿为盂兰殿、圆通殿。大悲殿为面阔三间的庑殿顶建筑，殿内供千手千眼观音，两侧有文殊、普贤、地藏等菩萨的泥塑像。东路为道教殿堂，依次为财神殿、三皇殿和斋堂。东山坡上还有山神庙、天齐庙、玉皇殿等。寺院后面名为"灵境"的东跨院就是冯玉祥将军故居，北房五间和厢房已修缮一新，现被辟为爱国主义教育基地"冯玉祥将军事迹陈列室"。

大悲殿（孙明进摄）

吕祖殿（孙明进摄）

冯玉祥将军陈列馆（孙明进摄）

12.无梁阁

无梁阁,原名"玉皇阁",北京市文物保护单位,位于顺义区大孙各庄镇顾庄子村东。始建于明代,清代重修。因整座建筑无一根木质横梁支撑,故俗称"无梁阁"。

无梁阁坐北朝南,为方形的楼阁式建筑,外观三层,内部为两层,砖石拱券,结构独特。阁内绘有壁画,色彩鲜艳、形象生动,是研究古代民间绘画的重要资料。阁后还有一座拱券结构建筑,是供奉王母、女娲的殿宇。

女娲宫

玉皇阁

阁内壁画（张培力摄） ▶

13. 广仁宫（西顶）

广仁宫，俗称"西顶娘娘庙"，北京市文物保护单位，位于海淀区四季青乡蓝靛厂。始建于明万历三十六年（1608年），原名"护国洪慈宫"，明天启四年（1624年）重修，清康熙四十七年（1708年）修葺，清康熙五十一年改名"广仁宫"。清朝光绪初年，西顶毁于火灾，只剩下菜圃，光绪二十年（1894）重修，至民国时仍基本保存完整，但已甚为衰败。新中国成立后，庙址曾被疗养院和福利工厂占用。2003年，由北京市海淀区人大代表王越提出的加强对西顶古庙保护的建议得到批准。目前，西顶娘娘庙正殿、诸真殿、元君殿的修缮工作已完成，但山门和山门殿的修缮因搬迁工作还没有结束，尚未提上日程。

明清时期的西顶规模宏大，殿宇众多。庙宇坐北朝南，四合布局，模仿了宋朝的法式。中轴线上由南向北依次是戏楼、牌楼、山门、正殿、后殿、垂花门和藏经楼。正殿平面呈"工"字，前为正殿，后为寝宫，中以长廊相连接，这种建筑形式在北京的诸多寺庙宫观中较为罕见。

残存山门

西顶全景

诸真殿

元君殿

14. 丫髻山碧霞元君祠遗址

丫髻山碧霞元君祠遗址，北京市文物保护单位，位于平谷市刘家店镇北吉山村西北，距平谷市城区三十余里。

丫髻山道教建筑群共有三层建筑：上层为两只丫髻，当地人称"东顶""西顶"。西顶有碧霞元君殿、寝殿、斗姆宫、供奉王二奶奶的铁瓦小殿和钟楼等；东顶建有玉皇阁和鼓楼；两顶之间以三皇殿相连。东西二顶皆是用巨石围绕山顶叠砌而成，高达三十余米。中层主体建筑为回香亭，包括三官殿、菩萨庙、东岳庙、灵官殿等。下层以紫霄宫为主，另有观音堂、马王殿、虫王庙等建筑。

丫髻山道观及信仰体系始于元代，明朝是其发展阶段，清代迎来鼎盛时期，官方逐渐把丫髻山道观及其信仰纳入教化群众、拉拢民心的伦理教化之中。随着历代的多次扩建，碧霞元君祠不再是单一供奉碧霞元君的场所，而是变成了一个复杂的神灵体系，满足了不同阶层信众的需求，这也是丫髻山由皇家信仰逐渐世俗化的表现。

回香亭（孙明进摄）

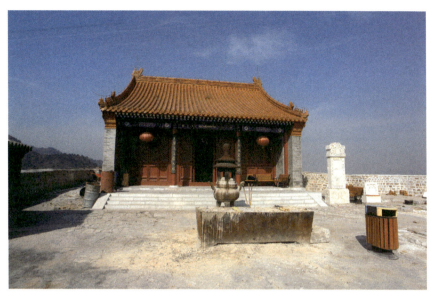

碧霞元君祠（孙明进摄）

雍正进香碑御碑亭（孙明进摄）

15.岫云观

岫云观,北京市文物保护单位,位于房山区琉璃河镇琉璃河中学院内。此观始建于明嘉靖十八年(1539年),为皇帝行宫,又名"良乡离宫",是明代京南唯一的一座行宫。明衰落后改作佛寺名"恩惠寺",清末民初又改为道观,名"岫云观",专门用来收留被驱逐出紫禁城的太监。

岫云观坐北朝南,原规模宏大,现仅存皋殿、三清殿和吕祖阁。皋殿略成方形,面阔三间,进深三间,重檐庑殿顶,筒瓦调大脊,有吻兽,前檐为旋子彩绘。皋殿两侧东西配殿各五间。后为吕祖阁,二层阁楼式建筑。

皋殿

◀ 西顶钟楼(张妙弟摄)

万历年间恩惠寺石刻

吕祖阁

16. 北顶娘娘庙

北顶娘娘庙，北京市文物保护单位，位于朝阳区德胜门外大屯乡北顶村，是北京历史上著名的"五顶八庙"之一，名"碧霞元君庙"，俗称"北顶"或"北顶娘娘庙"，西邻北极寺。该庙始建于明宣德年间（1426-1435年），清乾隆年间（1736-1795年）奉敕重修。

北顶娘娘庙内供奉碧霞元君、眼光娘娘、子孙娘娘、东岳大帝、玉皇大帝、关帝、药王等神祇。原庙占地约1万平方米，共有四进院落，沿中轴线依次排列的主体建筑有山门殿、天王殿、娘娘殿、东岳殿、玉皇殿。清末至民国年间逐渐衰败，古建损毁严重，只遗存山门殿、天王殿和钟楼。新中国成立后，寺庙原址为北顶小学、大屯铸造厂占用。1986年，北京市朝阳区文化文物局接管北顶娘娘庙古建后，一直雇人值守，并于1998年多方筹集资金对遗存殿宇进行抢险修缮。

北顶娘娘庙是北京城中轴线北延长线的一个坐标，有着重要的文物保护价值，是北京城市规划发展的重要历史实物。

山门

钟楼

天王殿

17.丰台药王庙

丰台药王庙,北京市文物保护单位,位于丰台区花乡看丹村。该庙始建于明代,清乾隆三十年(1765年)重修,1949年以后曾被改为物资交流会,2000年由政府投资修缮并恢复药王庙庙会。

据传药王孙思邈在此地寻铅炼丹,故村名"看丹村",并修建药王庙供奉药王孙思邈及三皇等。丰台药王庙坐东朝西,主要建筑有药王殿、三皇殿、娘娘殿、财神殿等,及两座碑刻。庙内有多株古树。每年农历四月二十八日药王孙思邈诞辰时举行庙会,四周村民皆来求药,香火甚盛。

药王殿(张妙弟摄)

18.丰台娘娘庙

丰台娘娘庙,全称"天仙圣母碧霞元君行宫",北京市文物保护单位,位于丰台区长辛店镇大灰厂村。该庙始建年代不详,明天启年间(1621-1627年)重修,2002-2004年大规模重修,至今仍保持明代建筑风格。

丰台娘娘庙坐北朝南,原建筑布局完整,主要建筑有:山门三间、正殿三间、后殿三间、东西配殿二十四间、钟楼一座、戏台一座。1970年后,西配殿拆除,当作宅基地,其他建筑改为马棚,十分破败。庙内原有一通《重修天仙圣母碧霞元君行宫暨建十王殿碑》,今已无存。后山门、钟楼及戏台无存,只余正、配殿各三间。2002年7月,北京市丰台区人民政府和北京市文物局共同投资整体修缮该庙,恢复了1958年档案所记录的该庙历史原貌,全部工程于2004年6月完工。

山门(张妙弟摄)

第一章　北京的道教宫观

戏台（张妙弟摄）

大殿（张妙弟摄）

065

19.上庄东岳庙

上庄东岳庙,正名"东岳行宫",北京市文物保护单位,位于海淀区上庄镇永泰庄。该庙始建于明代,清康熙五十九年(1720年)重修,有"重修榆河乡东岳行宫碑记"记录。

上庄东岳庙坐北朝南,分东、西二路。以西路为主,西路有殿三进,依次为山门、钟鼓楼(今钟楼无存)、前殿、正殿、后殿。山门造型别致秀丽。三座大殿保存较完整,前殿拱券有精美浮雕道教图案。东路为跨院三进,四合布局,前殿面阔三间,正殿面阔五间,北面出抱厦三间,后殿面阔五间。庙门前百米处为旧时朝香时的演出场所——大戏楼,坐北朝南,台基高2米,以花岗岩石条砌筑,上为卷棚式建筑,歇山式敞轩,后为硬山式顶,山墙开什锦花窗,今已残破。

山门

正殿

前殿

前殿刻石与纹饰

20.花市火神庙

花市火神庙，北京市文物保护单位，位于东城区崇文门外西花市大街。该火神庙始建于明隆庆二年（1568年），为神木厂悟元观的下院，祀火德真君，清乾隆四十一年（1776年）重修。1928年，这里曾是"北平大兴县第一国术馆"所在地。民国二十八年（1939年），火灾焚毁大部分建筑，后重修。2003年修缮该庙正殿时，发现了康熙年间的两块匾额，一块为蓝底金字"离照司权"，另一块为金底黑字"德辅阳光"，两块匾中间都刻有一红色"献"字；此外还发现正殿抱厦正面悬一块同治三年（1864年）"仰企神威"匾。可见火神庙在当时民众信仰中的地位。

花市火神庙原有山门，钟鼓楼，前院主殿和东、西配殿，后院主殿和东、西配殿等建筑。据庙内石碑记载，"前院三楹奉南方（祝融）火德真君，后院三楹奉北方真武玄天大帝"。2003年重修前的残存建筑有前院主殿和东、西配殿。2003年重修时，重建了山门等建筑。今该庙有山门，前院主殿和东、西配殿，后院主殿和东、西配殿。前院主殿为勾连搭硬山顶式建筑，大脊上装饰有黄琉璃双龙戏珠，殿顶以绿琉璃剪边。

山门

21. 北关龙王庙

北关龙王庙，北京市文物保护单位，位于延庆县延庆镇北关村。该庙被当地群众称为"高庙"，因其主体建筑建在一个高4米、宽19.5米、长22.4米的砖石高台上而得名。该庙始建年代不详，明成化年间（1465–1487年）在原址重建，正德年间（1506–1521年）又筑台重建，清康熙、乾隆年间先后两次重修，此后多次修葺。新中国成立后，这里曾作为村大队仓库使用，部分房屋被分配给北关村贫困户居住。

北关龙王庙内供奉五龙圣母，传说为龙王之母，因此是当时延庆地区级别最高的龙王庙。该庙为四合院式布局，四周有围墙。山门为券门式，25级台阶与地表相连。整个建筑群有正殿三间，东西配殿各三间，现存建筑基本属清代建筑风格。正殿两侧墙壁以及后壁还残存着部分壁画，描绘了龙王行雨和收雨的情景。

残存壁画（朱永杰摄）

22.广福观

广福观,北京市文物保护单位,位于西城区烟袋斜街37号、51号。该道观始建于明天顺三年(1459年),明朝管理全国道教机构的"道录司"曾设于此。清朝改名"孚佑宫",民国时期改回原名。中华人民共和国成立后,广福观改为民居。2007年在修缮广福观时发现了多组清代彩绘。2008年重修,后作为文化展览场所对外开放。

广福观建筑分东、西两院,东院保存较为完好,尚存有山门、天王殿、三清殿、三官殿等建筑。西院仅余吕祖殿和三间东配房。

◀ 山门(朱永杰摄)

23.花盆村关帝庙

花盆村关帝庙,北京市文物保护单位,位于延庆县千家店镇花盆村西。该庙始建于清雍正四年(1726年),嘉庆二十年(1815年)重修。新中国成立后,该庙曾改作学校和政府办公场所。1995年,县文化部门筹集资金对该庙进行了初步修缮。

花盆村关帝庙坐北朝南,共两进院落,由山门、正殿、后殿、东西配殿、钟鼓楼等组成。正殿内绘有"三国演义"壁画,后殿内绘有"十八层地狱"壁画。正殿前放有一石盆,传说石盆内原有宝物,倒入清水盆内犹如莲花盛开、金鱼游动,花盆村因此得名。山门外有戏楼,坐南朝北,与关帝庙相对。每年的农历四月二十八花盆村关帝庙都要举办庙会,周边村民们都要来此看大戏。

三国故事壁画(朱永杰摄)

山门（朱永杰摄）

前殿（朱永杰摄）

三 区县文物保护单位

1.吕祖宫

吕祖宫，北京市西城区区级文物保护单位，位于西城区复兴门内北顺城街15号，今北京市道教协会所在地。其前身为始建于明代的火神庙与地藏庵，两庙隔墙而立，日久荒废。清咸丰七年（1857年），道教居士叶合仁出资修建今吕祖宫，成为供奉道教纯阳祖师吕岩的全真道龙门派宫观。民国时期，吕祖宫有海淀冰窖村纯阳宫、西便门外郝井台村菩萨殿两处下院，今已无存。1949年以后，吕祖宫停止了宗教活动。2005年修缮后重新开放为道教活动场所。

吕祖宫坐西朝东，有山门、吕祖殿、修真堂、吕祖阁等建筑。山门坐西朝东，门上嵌原火神庙石额，阴刻楷书"古刹火神庙"。吕祖殿位于山门内，供奉吕祖、赵公明、孙思邈，殿内后壁残存一幅清代壁画，白底黑彩，绘猛虎下山。修真堂为一层厅堂式建筑，位于吕祖殿北侧，坐北朝南，东侧廊前立一通石碑，碑文模糊不清。吕祖阁为二层阁楼式建筑，位于吕祖殿南侧，坐南朝北，匾额书"尊道贵德"。后院现为北京市道教协会办公室。

吕祖宫外景（张斌摄）

2. 护国双关帝庙

护国双关帝庙，北京市西城区区级文物保护单位，位于西城区西四北大街甲167号。该庙始建于元泰定二年（1325），因供奉关羽、岳飞故称双关帝庙，从祀关平、周仓、张保、王横。明正统十年（1444年）重建。先后于明弘治十五年（1502年）、嘉靖十九年（1540年）、清顺治十八年（1661年）、康熙三十九年（1700年）重修。

护国双关帝庙坐西朝东，现存山门、正殿和后殿。山门面阔一间，石券门上书"护国双关帝庙"。正殿面阔三间，前出轩，单昂三踩斗拱，歇山调大脊，前轩为悬山箍头脊筒瓦顶，殿内原供奉泥塑关羽坐像以及漆胎岳飞像，现已无存。后殿面阔三间。庙内元、明石碑于1980年被北京石刻艺术博物馆收藏，该庙现为民居。

正殿（现为民居，张斌摄）

3.九天普化宫

九天普化宫，北京市朝阳区区级文物保护单位，位于朝阳区朝阳门外大街神路街北侧，西邻东岳庙。始建于明万历年间（1573–1620年），清顺治四年（1647年）重修，被皇帝封为"敕建九天普化宫"。在清代，东岳庙、九天普化宫和十八狱庙，是朝阳门外三座香火最旺盛的道观。新中国成立后，九天普化宫曾被多个单位、私人住宅占用，破坏严重。

九天普化宫原庙占地十八亩二分七厘，殿宇五十二间半。主祀九天普化天尊，又称雷祖天尊，总管雷霆都府，执掌五雷（天雷、地雷、水雷、神雷、社雷），为道教雷部诸神的最高天神，有《九天应元雷声普化天尊玉枢宝经》流传于世。庙内原有明代铜质雷祖像等七十二尊，其中木雕像十一尊，其余为泥像，铸造精湛，神态逼真，堪称道教艺术珍品。现庙内仅存一座大殿和两座石碑。

大殿

◀ 山门（张斌摄）

4.中顶娘娘庙

中顶娘娘庙，北京市丰台区区级文物保护单位，位于丰台区南苑乡中顶村草桥西北部，是北京历史上著名的"五顶八庙"之一，也是"五顶"中距离京城最近的一座碧霞元君庙。该庙始建于明末天启年间（1621-1627年），清康熙时中顶娘娘庙全称"敕建弘仁普济宫"，乾隆三十六年（1771年）重修。现存山门、正殿，正殿前有百子碑一座，碑中撰有《中顶普济宫百子胜会碑记》。

中顶娘娘庙南侧有凉水河流经，因此土壤肥沃，适合种植花草，种花已成为当地人的一种职业。中顶开庙的时间在明、清后期是不同的。明代是从四月初一至初十，清代后期改为六月初一。开庙期间，各种香会组织云集于此，场面十分热闹。当地花农在此卖花成为中顶庙会的一大特色。

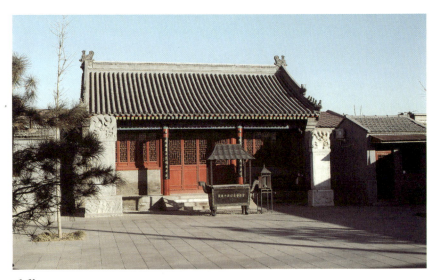

正殿

▶ 中顶普济宫百子胜会碑记

5. 立马关帝庙

立马关帝庙，北京市海淀区区级文物保护单位，位于海淀区蓝靛厂南大街，始建于清光绪年间，是大太监刘诚印的家庙，专门用来收留年老而无所依靠的老太监居住。该庙供奉关帝，又因其山门内左侧塑有传说中关羽的坐骑赤兔马，其马立姿，故此庙得名"立马关帝庙"。

该庙坐北朝南，进山门后分别设有中殿和正殿，正殿东西两侧厢房各三间。在庙的两侧有东西配殿，每个配殿各有房屋十二间，全庙共有房屋三十九间。此外，在西配殿的西侧还有一个跨院也属于庙产。经过历史的沧桑，立马关帝庙现在基本保存完整，住户们正在逐步腾退，该庙将在相关部门的努力下进行重修。

正殿（现为民居，叶盛东摄）

6. 妙峰山娘娘庙及灵官殿

妙峰山娘娘庙及灵官殿，北京市门头沟区区级文物保护单位，位于门头沟区妙峰山镇涧沟村，以供奉碧霞元君为主，此外还供奉王三奶奶、白衣大士、华佗、财神、孔子、释迦牟尼等，属佛、道、儒三教合一的庙宇。

碧霞元君庙，俗称"娘娘庙"，也称"灵感宫"，位于妙峰山顶，始建于明万历二年（1574年）。山门殿即庙门，面阔三间，正中一间开圆拱形门洞，门洞上汉白玉石额题刻"敕建惠济祠"。正殿面阔三间，供奉道教中五位元君的法身：天仙鸿德圣母碧霞元君、眼光惠照圣母明目元君、送生锡庆圣母保产元君、斑疹立毓圣母慈幼元君、送子育德广嗣元君。正殿西路建筑从南向北依次为法物流通处、财神殿、王三奶奶殿和药王殿。正殿东路建筑由南向北依次是喜神殿、观音殿、月老殿及地藏殿。回香阁在灵感宫以北约100米处，殿院飞檐脊兽，黄色琉璃瓦封顶，砖围墙，山门殿额书"回香阁"。此处原是齐天庙，建有回香亭，香客在娘娘庙进香后，再到回香阁烧一遍香，称为"回香"，这样朝顶进香的活动才算功德圆满。回香亭重建时与天齐庙合为一处，改名"回香阁"。正殿主神是"东岳天齐仁圣大帝"；西厢殿为武圣殿，供奉岳飞像，另有秦桧夫妇向岳飞跪像；武圣殿原名"速报司"；东厢殿为文昌殿，供奉文昌帝君神像。妙峰山上还有灵官殿、关帝殿、菩萨殿等建筑。

清至民国每逢四月初一至十五妙峰山开庙半月，香火极盛。民国时期在山门外增建覆钵式汉白玉石塔，覆钵塔身上雕端坐莲台的菩萨，端庄秀雅。塔身上为十三重相轮的塔刹，象征十三重天，此塔是北京地区民国时期建造的少数塔之一。

惠济祠山门外白塔

惠济祠

灵感宫

妙峰山朝香（老照片，引自《旧京史照》）

7. 圈门窑神庙

圈门窑神庙，北京市门头沟区区级文物保护单位，位于门头沟区龙泉镇门头口村东，始建年代尚待考证。该庙坐北朝南，今日建制是由嘉庆元年（1796年）和咸丰三年（1853年）两次重修奠定的。窑神庙正殿建在高0.8米的石基上，面阔五间，屋顶为硬山式卷棚顶，上覆灰色筒瓦。新中国成立前殿内供奉有窑神泥塑一尊，据当地老人回忆：这尊泥塑窑神黑色脸庞，络腮胡，头戴官帽，身穿黄袍，手中倒提一串铜钱，具体姓甚名谁有何神迹，民间说法不一，有待考证。窑神爷之所以倒提铜钱，据说表示窑工们采煤生命毫无保障，过一天赚一天，所以从不存钱。窑神庙正殿两厢各有配殿九间，后殿早已废毁。

明清以来，京西采煤业快速发展，窑神信仰也随之孕育而生并逐渐成为京西地区最具规模的民间信仰，昔日京西遍布着大小众多的窑神庙。随着历史的变迁，保留至今的唯有圈门窑神庙一座。该庙不仅作为供奉窑神及举行祭祀仪式的场所，而且还是当时政府管理和控制京西采煤业的中枢，1958年后划归门头沟圈门中学。京西圈门窑神庙承载着京西地区特有的人文内涵，具有重要的历史价值。

残存配殿（沈彤摄）

8. 三家店龙王庙

三家店龙王庙，北京市门头沟区区级文物保护单位，位于门头沟区龙泉镇三家店西，明代已建，清代四次扩建修缮，形成今日规模。

三家店龙王庙占地超过2400平方米，为三合院。门楼一间，门楣上嵌"古刹龙王庙"琉璃额，门楼后有抱厦一间。正殿面阔三间，进深一间，硬山调大脊，筒瓦顶，石望板，前出廊，椽头钉有兽面，檐下施苏式彩绘，廊柱上有木雕雀替。两厢配殿各三间，均为硬山石板顶。

咸丰初年，三家店已成为京西商业发达的集镇，人们将这归结为"龙神"保佑，纷纷资助重修。正是因为这种神灵和民众的密切关系，三家店龙王庙成为京西龙王庙中香火最盛、持续时间最长的一座。新中国成立初和"文化大革命"期间，许多寺庙被改作他用，三家店龙王庙因为有水利管理人员长期办公居住，"破四旧"时，工作人员为了保护文物，用席子将神像隔挡，使珍贵文物幸免于难。三家店龙王庙保留下来的文物主要有龙神、雷公、电母等彩绘泥塑像十余尊，大型壁画三幅，佛牌五百余幅，碑刻三通，古槐树一棵，水利会旧账数十本，木雕佛像、牌匾若干，其中有些为精品甚至绝品。龙王庙和这些文物是后人研究北京民俗文化珍贵的资料，有很高的艺术价值和文物价值。

正殿（苑焕乔摄）

山门（苑焕乔摄）

9.六街城隍庙

六街城隍庙,北京市昌平区区级文物保护单位,位于昌平区邮政局院内。该庙始建于明景泰年间(1450-1457年),清顺治年间(1644-1661年)、乾隆年间(1736-1796年)重修。原城隍庙占地1000余平方米,坐北朝南,二进院,四合布局,有前殿、后殿及其东西配房。现仅存后殿,面阔三间,有花岗岩台阶五级,殿前西侧有古楸树。六街城隍庙是唯一能在《光绪昌平州志》中找到确切位置的古建筑,具有重要的史料价值。

后殿(现为邮政局办公室)

10.桃林村东岳庙

桃林村东岳庙,北京市昌平区区级文物保护单位,位于昌平区兴寿镇桃林村,始建年代不详。

桃林东岳庙内保留着完整的七十二司壁画,整座壁画分布在配殿的南北两壁,每壁37幅,共计74幅,总面积10.95平方米,各司公堂的匾额之上均书"某某司",可辨认的有七十一个。这些壁画表现了地府判官审理人间各类罪孽亡灵的情景:诸判官身着官袍,足蹬朝靴,坐于案后,俨然人间判案升堂之势,或端坐审问,或扶案而起,或拍案怒斥,或侧首沉思。案前皂吏,手持记录世人善行恶举的生死簿。牛头、马面等鬼卒面目狰狞,挥动钢刀、铁索,或挖眼,或斗量,上刀山、下油锅,场面阴森,惨不忍睹。与之形成鲜明对比的是那些行善之人,不但长寿安康,子孙满堂,即便是寿终正寝,也有金童玉女手持幡幢,引过金桥,转世投胎,继续做人,颐养天年。画面想象丰富,笔调夸张,将涌动在人们内心深处强烈的情感——对善的追求、对恶的痛恨,淋漓尽致地展现出来,撼人心魄,极具表现力。壁画均出自民间艺人之手,图样清晰,人物传神,生动再现了明清时期老北京的世俗风情,是研究道教地府判官职司和中国传统劝善思想的珍贵资料。

破损的壁画

保存相对完整的壁画

保存相对完整的壁画

配殿（现为仓库）

11.黄土东村真武庙

黄土东村真武庙,北京市昌平区区级文物保护单位,位于昌平区回龙观镇黄土东村。该庙创建于明末清初,庙内现存前殿、后殿及左右配殿等。大殿主供真武大帝,披发跣足,端坐于殿堂之上,旁边塑有金童、玉女。殿前有三脚龙爪紫铜香炉一座,前殿有两位护卫大神,左侧塑威武的青龙神像,右侧塑勇猛的白虎神像。早年每逢春节,附近村民都要聚集于该庙,开展踩高跷、舞狮等民间活动。

前殿

真武殿

12.杨令公庙

杨令公庙,北京市密云县县级文物保护单位,位于密云县古北口镇河东村。该庙始建于辽代,是为纪念北宋大将杨业(又名杨继业)而建,元、明、清、民国时均有修缮,"文化大革命"期间大部分建筑被拆毁,只剩下前院东、西配房各三间,1992年古北口镇出资对拆毁部分进行了复建,并翻修了前院东西配房,使之恢复原貌。

杨令公庙占地面积1000余平方米,坐北朝南,中轴线由山门、前殿和后殿组成,形成两进院落,前院有配房,后院无配房。山门建筑颇为讲究,山门高5米、宽3米,磨砖对缝虎头对门。山门两侧另有对联一副,上联为"杨氏全家做事忠实不二",下联为"专祠一座表扬英勇无双",横批"气壮山河"。正殿是杨令公庙的主体,殿前出檐的两根明柱上的对联是"节使若逢苏武牧""将军定作霍骠骑",大门的楹联和横匾是冯玉祥将军所题,上下联为"何须纸笔舒中愤""自有公平在世人",横匾为"真正无敌"。殿中供奉杨令公塑像,左右是其八个儿子的塑像。后殿供奉佘太君塑像,其左右是八姐、九妹、穆桂英、杨排风等杨门女将栩栩如生的塑像。

冯玉祥题写匾额与楹联的大殿 (朱永杰摄)

山门（朱永杰摄）

第二章
北京的佛教寺庙

佛教是世界三大宗教之一，两汉之际传入中国。据专家考证，佛教初入北京传播缓慢，到北朝后期受到邺都、定州的影响出现较为明显的发展。隋唐时期，帝王对佛教的支持直接促成了幽州（今北京）佛教的兴盛。特别需要说明的是，中国历史上三次由统治阶层发起的"灭佛"运动，都没有波及幽州地区，故而，在佛教"法难"之际，幽州由于当时地处偏远，成为信仰的避难所，从北朝北周到五代后周，僧人们曾三次大规模涌入幽州地区。到了辽代，佛教在这里已经蔚为大观了。辽金元至明清时期，北京作为首都，延续了特殊的政治地位，统治者对佛教的提倡使北京佛教信仰空前繁盛，辽代《契丹国志》中就有"僧居佛寺，冠于北方"的说法。至民国年间，佛教寺庙坐落在北京城内的大约有400余座，均匀地分布在四个城区，北京城外西北郊的佛教寺庙更是多达500余座，因此北京有"西山五百寺"之说。

北京的佛教寺庙是佛教在京城传播的重要载体、中国辉煌建筑艺术的具体体现和民族传统文化的支柱，同时也是北京城市文明的标志，具有传播和承载社会历史文化的重要作用。"寺庙"也可以称为"庙宇"或"寺院"，原本是中国人祭祀祖先和先哲的地方，后泛指奉神礼佛的场所。佛教寺庙是供佛教僧众生活、修行，以及佛教信众进行佛事活动的重要场所。所以佛法所传，必藉寺庙，以处其僧众。举凡佛法所到之处，僧人皆以建寺造庙为急务。随着佛教在北京的传播，佛教寺庙便在京城兴建起来。

北京地区最早的佛教寺庙在北魏时期就已出现，而且为数不少。一般认为门头沟潭柘寺为北京最早兴建的寺庙。潭柘寺如今已经成为北京著名的宗教历史遗存，但其宗教功能在近年来又逐步重新恢复，已有僧人进驻。从这个意义上讲，当代北京宗教空间的渊源可以追溯到晋代。

北京是五朝帝都，先后经历了34位皇帝。出于政治与信仰的需要，历朝帝王、皇亲国戚、宫廷太监、达官显贵纷纷出资修庙，京城敕建的寺庙比比皆是。贞观十九年（645年），唐太宗"念忠臣义士没于王事者，建此寺为之荐福"，下诏建悯忠寺（今法源寺）。举世闻名的云居寺石经刻造工程皆因北魏太武帝和北周武帝灭佛而起，为了使佛教经典长存于世，隋静琬法师开创了伟大的石经刊刻事业，赵朴初先生称房山石经为"国之重宝"，珍藏石经的云居寺为"北京的敦煌"。西黄寺与雍和宫喇嘛庙的修建，也是出于清朝统治者信仰和利用喇嘛教"安藏定边"的政治需要。北京也有一部分寺庙是明清两朝太监捐资修建的。太监为了出宫后有一个安身之所纷纷捐资修庙。西山碧云寺是明武宗的大太监于经修建的，智化寺是明英宗的大太监王振用自己的住宅改建的，慈禧太后的大太监刘印诚多次为白云观捐资置产。在官府的带动下，京城百姓助捐修庙的也不少。北京寺庙建筑规模宏大，政治地位高，与其他地区的寺庙形成了较大的反差。

北京地区的佛教寺庙不仅修建的历史久远，而且形式各异，充分体现了各民族的艺术风格。这些寺庙不仅是宗教物化的形式，而且具有传播和承载社会历史文化的功能。北京地区现存的佛教历史遗存中，计有全国重点文物保护单位33处，北京市文物保护单位31处。从现存的寺庙来看，虽然经历了漫长的岁月和风雨洗礼，却依然为子孙后代留存下来大量珍贵的文化遗产。这些珍贵的文化遗产不仅包括典雅辉煌的建筑，还有神采奕奕的造像和工艺精湛的宗教艺术品，而且还有生长几百年甚至几千年以上的奇姿异彩的古树。北京佛教寺庙文化间接地反映着北京地区政治、经济、文化等方面的状况。北京的佛教寺庙为人们考察北京宗教文化的渊源、发展与兴衰，提供了客观的脉络与历史轨迹。

一 全国重点文物保护单位

1. 房山云居寺塔及石经

房山云居寺塔及石经，全国重点文物保护单位，位于房山区南尚乐镇水头村。该寺始建于隋末唐初，初名"智泉寺"，后改名"云居寺"，历代均有重修扩建。辽金时代，云居寺专以刻造石经知名，人称"石经寺"。明代因云居寺在山之西，俗称"西峪寺"，清康熙年间改峪为域，称"西域云居禅林"。20世纪三四十年代，云居寺受日寇炮击夷为平地，新中国成立后于1985年开始重修，形成今日规模。

云居寺坐西朝东，依山势而建，有中、南、北三路建筑。中路有五大院落，六进殿宇，包括天王殿、毗卢殿、大雄宝殿、药师殿、弥陀殿和大悲殿，每院随山势逐步升高，各正院旁又有配殿。南、北二路分布有僧房、客舍和行宫院落。整座寺院建筑恢宏，气势不凡。

云居寺石刻佛教大藏经从隋代的静琬法师开始主持刻经，虽唐末五代因战乱间或中断，然至辽金又转为兴旺，直至明末终息。前后历时近千年，共刻佛经1025种，1122余部，3452余卷，总计15000余块。这些石经分别藏在小西天9个藏经洞内和压经塔下藏经穴中。其中，石经山藏经洞内藏有经石4196块，基本上以唐代刻经为主；压经塔下藏有经石10082块，主要是辽金等后期的刻石。压经塔位于云居寺南门内，高5米，底部为双层塔座，重檐11层，密檐式塔顶，顶上两层塔刹已残缺无存。塔身为八棱形，周身镌刻一篇《涿州汲鹿山云居寺续秘藏石经塔记》，文中阐述了隋沙门静琬发心刻石经的目的，记述了辽代诸帝支持刻经的史实，介绍了通理大师进行经碑版面改革的功绩。除压经塔外，另一座有名的塔就是静琬法师墓塔，俗称"开山琬公塔"。塔高6米，石结构，方形须弥座，底座有双层大莲花瓣雕刻，塔身东面正中有"开山琬公塔"的铭刻，尤以仿木结构的三角形翘塔檐独具匠心，是辽代雕刻艺术的精品。

云居寺石经不但保存了大量的佛教典籍，同时也为勘正现存经书上的讹误，为金石、书法、文字、历史等方面的研究提供了宝贵材料，是中国佛学研究的宝库，堪与文明寰宇的万里长城、京杭大运河相媲美，被誉为"北京的敦煌""世界之最"。

开山琬公塔

乾隆御笔《云居寺瞻礼二十韵碑》

石经保存现状

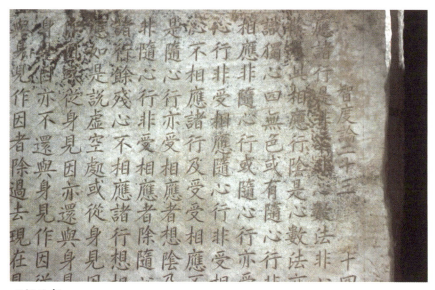
石经局部

2.妙应寺白塔

妙应寺白塔,全国重点文物保护单位,位于西城区阜成门内大街北白塔寺内。该塔建于元至元八年(1271年),由著名的尼泊尔工艺家阿尼哥主持修建。至元十六年在塔前修建一座寺院,原名"大圣寿万安寺",至正三十八年(1368年)寺院因遭雷击起火被毁,仅存白塔,明天顺元年(1457年)重修寺庙,更名"妙应寺",俗称"白塔寺"。

白塔寺由山门、四个角亭、天王殿、意珠心境殿、七佛宝殿等建筑组成。山门为三开间砖券结构歇山式建筑。天王殿面阔三间,进深两间,歇山顶,殿后有石狮一对。意珠心境殿面阔五间,进深四间,七栖斗拱,庑殿顶,现辟为"元大都历史陈列室"。七佛宝殿面阔五间,进深四间,庑殿顶,内供奉三世佛。

白塔位于寺院最北,名"释迦舍利灵通宝塔",也叫"妙应寺白塔"。塔高51米,由基台、塔身、相轮和天盘四部分组成。基台高9米,底面积1422平方米,分为三层:下层为护墙,中层与上层均为折角须弥座式,平面呈"亞"字形,上层平盘挑出的部分用砖砌筑,并雕成巨大的莲花瓣,下用圆木承托。塔身为一巨大的覆钵,形如宝瓶,直径18.4米,外形雄浑稳健。塔身之上为砖砌而成的相轮,层层拔起,下宽上窄,共13层,称为"十三天"。相轮之上为天盘,亦称"大华盖",直径9.7米,厚木做底,铜瓦做盖,四周悬挂佛像、佛字和三十六副铜质透雕的华缦,缦下悬挂风铃。天盘之上为塔刹,为一铜制镏金小型喇嘛塔,高4.2米,重四吨有余,由七条铁链固定在天盘中央。

妙应寺白塔是北京地区最早的一座覆钵式佛塔。1978年在塔顶内发现官刻汉文大藏经,乾隆皇帝手书《般若波罗密多心经》等重要文物,现藏于首都博物馆,对研究清代佛教史具有重要意义。

◀ 压经塔

七佛宝殿

白塔寺庙会（孙明经摄）

白塔今貌

3.真觉寺金刚宝座（五塔寺塔）

真觉寺金刚宝座，位于海淀区白石桥长河北岸，全国重点文物保护单位。创建于明代永乐年间（1403-1424年），由于寺内有一座建成于明成化九年（1473年）的金刚宝座，宝座的台座上分列有五个小塔，因此俗称"五塔寺"。

乾隆年间曾两次重修五塔寺，尤其是乾隆二十六年（1761年），作为给当朝皇太后祝寿的主要场所之一，对五塔寺进行了全面的修葺，将所有殿顶改用黄色琉璃瓦，堪称当时等级最高的皇家寺院。至清朝后期，五塔寺逐渐衰落。1961年真觉寺金刚宝座（五塔寺塔）被列为第一批全国重点文物保护单位。1987年成立石刻艺术博物馆，新建碑廊及六个石刻展区，露天陈列石像生、石碑等石刻文物。

五塔寺院坐北朝南，中轴线上的建筑自南向北依次是：牌楼、山门、天王殿、前大殿（心珠朗莹殿）、金刚宝座塔、五佛殿及后照殿。东西两侧对称建有钟楼、鼓楼、廊庑配殿、僧房、穿堂等。金刚宝座塔居于整个寺院的中心位置。

金刚宝座塔属于密宗一派的佛塔，按印度佛陀伽耶塔的形制建造。宝座建于须弥座之上，分五层，每层均挑出石刻短檐，檐下四周设佛龛，每龛浮雕坐佛一尊。宝座南、北辟有两个券门，南门上方有一块明成化九年的御制匾，上书"敕建金刚宝座"。五塔建于宝座之上，其中，十三层大塔居于中央，十一层的四座小塔各占四角，皆为密檐式。金刚宝座塔通体布满了精美的石雕作品，其题材有八宝、金刚杵、五佛坐骑、四大天王等，其中汉佛的造像就有1561尊之多。中心大塔须弥座南面正中刻有佛足迹一对。金刚宝座塔堪称明代建筑和石雕艺术的杰出代表，也是中外文化结合的典范。

真觉寺现辟为石刻博物馆（叶盛东摄）

金刚宝座塔

"敕建金刚宝座"刻石

4. 居庸关云台

居庸关云台,也叫"云台石阁",全国重点文物保护单位,位于昌平区南口镇居庸关关城内。这里本是一座过街塔的塔座,台上原并列着三座白色喇嘛塔,即"居庸关过街塔"。居庸关过街塔始建于元至正二年(1342年),元末明初台上的喇嘛塔先后被毁,后新建一个佛祠。明正统八年(1443年),佛祠被毁,重建一座泰安寺。清康熙四十一年(1702年)泰安寺被火焚毁,仅存一座空台保留至今。

居庸关云台是现存已知最早、最大、有确切年代可考的一座过街塔遗存实物。整个台座用汉白玉砌成,上小下大,俯视为长方形。台高9.5米,台基东西长26.84米,南北深17.57米,上顶宽25.21米,进深12.9米。台顶四周安设石栏杆和排水龙头,台下正中开一南北向券门,可通马车。更为重要的是云台的雕刻艺术,券门两边的券面上和门洞内,布满了精美的浮雕。券面正中雕刻大鹏金翅鸟,两边分列鲸鱼、龙女、童男、异兽和大象等图案。券门内全部是佛教图像、纹饰和经咒。券洞顶部正中刻着五个"曼荼罗",两侧斜面上刻着十尊坐佛。券门内两壁刻着四大天王浮雕像,在四大天王浮雕之间,用梵文、八思巴新蒙文、藏文、维吾尔文、西夏文和汉文六种文字记录同样内容的《陀罗尼经咒》和《造塔功德记》,展现了元代我国各族人民文化交流的事实。

居庸关云台是一座大型的石雕艺术品,是元代雕刻艺术和建筑艺术的优秀代表作。

◀ 真觉寺内佛像(现已无存,老照片,首都图书馆提供)

长城脚下的居庸关云台

居庸关云台四大天王石雕之增长天王

5.北海园林中的皇家寺庙

北海及团城是1961年国务院公布的第一批全国重点文物保护单位，位于西城区文津街1号。北海园林中有永安寺、西天梵境、阐福寺、极乐世界等庙宇，琼岛东、西侧还分别建有智珠殿、琳光殿两组佛教建筑。这些寺庙建筑在形式上虽然运用的是象征皇权统治的严整中轴对称布局，但深受中国传统园林文化的影响，将均衡布局的亭、台、楼、阁和寺庙建筑与自然山水相融合，构成了一个协调统一的皇家园林。

（1）永安寺

永安寺位于琼华岛南麓，依山而建，前身是元、明两代西苑万岁山（琼岛），南坡仁智、介福、延和三殿，清初曾是喇嘛诺不汗驻锡所在。清顺治八年（1651年）在三大殿旧址上建造了喇嘛寺院，并在山顶原广寒殿旧址修建了藏式白塔，赐名"白塔寺"，后于乾隆七年（1742年）改称"永安寺"。

永安寺坐北朝南，轴线对称布局，与白塔同轴。主要建筑依次为山门、法轮殿、牌坊、普安殿，以及钟鼓楼、配殿、回廊、碑亭等，白塔立于山顶，前有善因殿。寺中各殿原均供有佛像，但都毁于"文化大革命"期间，其建筑在20世纪90年代逐渐修复，形成今日景观。永安寺山门面阔三间，歇山五彩琉璃瓦顶，玲珑琉璃正脊。法轮殿是寺中主殿，殿脊正中的琉璃宝塔和塔两边殿脊上嵌的琉璃彩龙戏脊饰，在庙宇建筑中极为罕见。法轮殿后拾38级石阶而上有一座四柱三门三楼牌坊，黄琉璃瓦覆顶，如意斗拱，南向额书"龙光"，北向额书"紫照"，平台东西各有一座八角碑亭，建于清乾隆三十九年（1774年），东曰"引胜"，内竖方碑，四面分别刻汉、满、蒙、藏四种文字的《白塔山总记》；西曰"涤霭"，内竖方碑，四面分别刻汉文白塔山各面记。再登55级台阶即永安寺第二重大殿正觉殿，面阔三间，彩色琉璃瓦，彩色玲珑正脊。第三重大殿为普安殿，面阔五间，院内东配殿为圣果殿，西配殿为宗镜殿，均面阔三间，三座殿都是硬山雕龙琉璃脊，饰花纹琉璃屋面。普安殿后登70级台阶为善因殿和白塔。善因殿分城台和殿宇两层，下层为方形城台，中有南北向券洞，两侧各有19级台阶，外侧装有汉白玉石栏板和望柱。殿宇是一座仿木琉璃结构的重檐建筑，上檐为铜制筒瓦镏金圆亭式顶，下檐为绿琉璃瓦黄剪边方形顶，前山墙有铜门四扇，殿周四壁镶嵌琉璃佛像455尊。白塔是北海的标志，高35.9米，由折角式须弥座、塔身、相轮和华盖组成。塔为砖石结构，塔体上有306个方形青砖透雕通风孔。塔身正面有壶门式眼光门，周围饰西番莲花，中间为木质红地金字的"时轮咒"。相轮亦称"十三天"，华盖也叫"塔刹",由铜质镂空天盘、地盘和日、月、火焰组成,下悬风铃16个。

(2)西天梵境——大西天

出静心斋北行有一座四柱七楼琉璃牌楼,正面书"华藏界",背面书"须弥春",为乾隆御笔所书。牌楼北面是一座汉传佛教寺庙,称"大西天",又称"天王殿",始建于明代,原为翻译和印刷大藏经的地方,乾隆时期扩建。

山门为城楼式建筑,飞檐垂脊式屋顶覆黄绿琉璃瓦,有三座独立拱券式砖门。天王殿面阔五间,绿琉璃瓦黄剪边歇山顶。第二进院落为始建于明代的"大慈真如宝殿",面阔五间,黑琉璃瓦黄剪边重檐庑殿顶。整座大殿中的大木、斗拱、飞檐、连檐等全部采用名贵的金丝楠木制作,故又称"楠木殿"。第三进院为华严清界殿,面阔三间,黄琉璃筒瓦绿剪边重檐歇山顶,殿后是七佛塔亭。在西天梵境西侧是著名的九龙壁,建于清乾隆二十一年(1755年),高5.96米,厚1.6米,长25.52米。壁两面各用黄、白、橙黄、紫、绿、蓝、天蓝等七色琉璃镶成9条蟠龙,飞脊、垂脊、勾头、滴水等处另有大大小小的龙,全壁共有龙633条之多。

(3)阐福寺

北海内的铁影壁向西为北海最大的寺庙建筑群——阐福寺。这里原为明代太素殿,清乾隆七年(1742年)曾作为先蚕坛的蚕馆,乾隆十一年(1746年)改建为佛寺。

入寺门为天王殿,左右钟鼓楼,中院为大佛殿,殿内原供奉一尊整棵金丝楠木雕刻的千手千眼佛,全身嵌满无数珠宝。1900年八国联军入侵北京将珠宝抢劫一空。1919年,袁世凯公府卫队在寺内做饭引起火灾将大佛殿、后殿、八角亭烧光。现仅存天王殿、钟鼓楼和两块石碑。阐福寺西面为万佛楼遗址。万佛楼遗址西面建筑大多无存,仅有一座八角形妙相亭保存完好。现阐福寺和万佛楼已被辟为"北海植物园",常年举办各种花卉展览。

(4)极乐世界殿——"小西天"

阐福寺向西为"小西天",名"极乐世界殿",为一组"坛城"式建筑,占地面积6225平方米。始建于乾隆三十三年(1768年),是乾隆皇帝为孝圣皇太后祝寿祈福所建,是北海园林中最辉煌精彩的一组建筑。

极乐世界殿平面正方形，面积达1246平方米，高26.9米，三重檐四角攒尖顶，八角宝顶座上立有铜质镏金宝顶，黄琉璃瓦绿剪边屋面，气势非凡。大殿四面由水池环绕，四面正中均有石桥一座。大殿四角各有重檐攒尖方亭一座，大殿内有擎檐柱36根，檐柱28根，金柱20根，钻金柱4根，殿上方为金光灿灿的八角穹窿式团龙藻井。殿前有一组临水建筑，称"五龙亭"，建于明嘉靖年间（1522-1566年），清代屡有修缮。

（5）团城内的佛堂与玉佛

团城位于北海公园南门外，辽代时这里为一座小岛，俗称"圆抵"。元至元四年（1267年）在圆抵旧址建"仪天殿"，同时垒砌石城，称为"圆城"。明永乐十五年（1417年）重修仪天殿，改名"承光殿"，同时改建圆城，成为今日团城规模。明嘉靖三十一年（1552年）再次修葺承光殿，改名"乾光殿"。清康熙八年（1669年）乾光殿因地震坍塌，康熙十九年重建，乾隆十一年（1746年）对团城进行大规模修建，增建了玉瓮亭、古籁堂、余清斋等建筑。

团城上的主体建筑为承光殿，黄琉璃瓦重檐歇山顶，四面各出单檐卷棚顶抱厦，屋面为黄琉璃瓦绿剪边。殿内供奉一尊白玉佛，高0.5米，全身洁白无瑕，左臂披袈裟，头顶及衣褶上镶嵌红绿宝石，神态慈祥颐静，堪称雕琢艺术杰作。

永安寺白塔远眺

西天梵境乾隆御书"华藏界"琉璃牌楼

西天梵境大慈真如宝殿

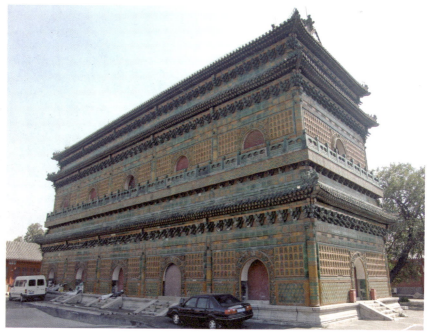

西天梵境琉璃阁，计有浮雕佛像1376尊（梁怡摄）

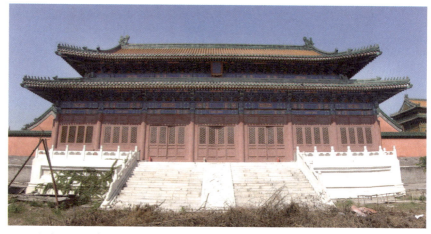

西天梵境大圆镜智宝殿（梁怡摄）

九龙壁（原为西天梵境大圆镜智宝殿照壁）

阐福寺

小西天极乐世界殿

团城承光殿（张斌摄）

6. 智化寺

智化寺，全国重点文物保护单位，位于东城区禄米仓胡同5号，是北京城内现存最为完整的一组明代木结构寺庙建筑群。该寺始建于明正统八年（1443年），原为明代司礼太监王振的家庙。明代时被赐名"报恩智化寺"，一度曾祠祀王振。清乾隆七年（1742年）毁王振塑像，并将为王振歌功颂德的《敕赐智化禅寺之记》和《敕赐智化禅寺报恩之碑》碑文磨去，形成了现在的无字碑。

智化寺坐北朝南，分中东西三路，中轴线上由南至北依次分布着山门、智化门、智化殿、如来殿（万佛阁）、大悲堂等主体建筑，智化门前有东西对称的钟鼓楼，智化殿前有东西对称的大智殿和地藏殿。山门为砖石仿木结构，拱券门，黑琉璃瓦单檐歇山顶，门额上刻"敕建智化寺"。智化殿面阔三间，进深三间，明间有后抱厦，单檐庑殿顶，殿内有地藏菩萨彩色壁画。如来殿，分上下两层，重檐庑殿顶，是寺内最为高大，规格最高的殿堂。上层为万佛楼，楼内供明代楠木鎏金三身佛像，东西山墙及木隔扇上共置九千多个小佛龛，内置泥质小佛。下层为如来殿，内供楠木鎏金如来佛本尊像，为明代原物。殿内东西两侧有明代格式经橱，为明英宗所赐。

智化寺以精美完整的明代建筑群、珍贵稀有的转轮藏、古老的"京音乐"和我国唯一的最后一部官刻汉字佛教经版——清乾隆时的《龙藏经》29036块而引世人注目。

山门（朱祖希摄）

钟楼（苑焕乔摄）

如来殿（李建平摄）

大智殿（苑焕乔摄）

7. 雍和宫

雍和宫，全国重点文物保护单位，位于东城区雍和宫大街12号。明朝时这里曾是太监官房，清康熙三十三年（1694年）康熙帝在原官房基址上为其四子胤禛修建雍亲王府。雍正元年（1723年），雍亲王胤禛即帝位，也就是雍正帝，将雍亲王府西部大半赐予章嘉呼土克图为喇嘛修净之灵场，东部改作行宫，雍正三年（1725年）王府定名为"雍和宫"。乾隆九年（1744年），乾隆帝为纪念雍正皇帝，把雍和宫正式改建成藏传佛教寺庙。

雍和宫坐北朝南，占地六万余平方米，全寺分为中、东、西三部分。在南北中轴线上依次分布着牌楼、昭泰门、雍和门（即天王殿）、四体御碑亭、雍和宫（即大雄宝殿）、永佑殿、法轮殿、万福阁等主体建筑，东西分布着众多配殿，主要有讲经殿、密宗殿、药师殿、戒坛楼、班禅楼、永康阁、延绥阁等。雍和宫最南端由三座牌楼一座影壁围成一个小广场，正北面牌楼雕刻"龙凤呈祥"的精美图案，正面匾书"寰海尊亲"，后书"群生仁寿"；东牌楼正面匾书"慈隆宝叶"，后书"四衢净辟"；西牌楼正面匾书"福衍金沙"，后书"十地圆通"。昭泰门是一座歇山顶式琉璃花山门，山门两侧各开一座九脊式琉璃旁门。雍和门是雍和宫内的第一座殿堂，殿内正中供奉弥勒佛，左右为四大天王。大雄宝殿是整个庙宇的中心，殿内供奉以佛祖释迦牟尼为中心的三世佛。出大雄宝殿踏入永佑殿，殿内正中供奉无量寿佛，左右分别供奉琉璃光药师佛和狮吼佛。永佑殿后为法轮殿，班禅楼和戒台楼位于法轮殿左右，三座殿堂并列一线。法轮殿以造型奇特而著称，大歇山式屋顶上矗立有五个小阁，阁上各立一座藏式镏金宝塔，法轮殿内供奉藏传佛教格鲁派的创始人宗喀巴大师的鎏金铜像。法轮殿后是雍和宫内最宏大，最辉煌的建筑万福阁，阁高25米，共三层，重楼重檐式，二层有悬空式飞廊。万福阁内供奉着一尊高大的木质贴金弥勒佛，高18米，地下埋入8米，佛身宽8米，由一整棵十分名贵的白檀香木雕刻而成，于1990年被列入吉尼斯世界纪录。

过去，每年农历正月二十九至二月初一，雍和宫都要举行"打鬼"仪式，喇嘛们高声诵经，戴着兽形面具的喇嘛追着"黑白二鬼"，环绕各殿跳布扎舞，最后用刀把用面做成的"鬼"杀掉，据说这样可以保一年平安。

雍和宫将王府建筑和寺庙建筑、汉族建筑和藏族建筑特色融为一体，其宏大奢丽的建筑，举世瞩目的文物收藏，使之成为北京城内规模最大、建筑最豪华的一座喇嘛寺庙。

清末雍和宫法事（首都图书馆提供）

清末雍和宫跳神（首都图书馆提供）

"福衍金沙"牌坊

雍和门

大雄宝殿

万福阁

8.颐和园佛香阁等佛教建筑群

颐和园,全国重点文物保护单位,位于海淀区新建宫门路19号。颐和园是保存最完整的一座皇家行宫御苑,其中具有特殊宗教意味的佛教建筑是园林的重要组成部分,主要集中在万寿山的前山和后山。前山是以佛香阁为中心的一组建筑群,包括佛香阁、排云殿、智慧海、转轮藏、宝云阁、清华轩。后山是须弥灵境,包括花承阁、香岩宗印之阁、四大部洲、多宝琉璃塔,以及会云寺、善现寺、莲座盘云等。

（1）佛香阁

佛香阁位于万寿山前山中心位置,是颐和园的标志性建筑物。清乾隆十五年（1750年）建造佛寺时,原是要在这里建造一座九层佛塔,乾隆二十三年（1758年）当塔修到第八层时终止修筑,之后改建成佛香阁。咸丰十年（1860年）,被英法联军炸毁,光绪十七年（1891年）按原建制重修,到现在保存完好。

佛香阁修建在八角形石砌须弥座月台上,高达41米,八面三层四重檐攒尖顶,阁顶为黄琉璃瓦绿剪边,中间八根大铁梨木为擎天柱。阁每面面阔三间,每层有廊柱24根。正面挂三块金字牌匾,每层一块,自上而下："式扬风教""气象昭回""云外天香"。下层为井口天花,下为一尊高约3米的泥质漆金佛立像。

（2）智慧海

智慧海位于佛香阁后面,万寿山顶上,始建于清乾隆十五年（1750年）。因其内部全部采用砖石拱券结构,外部为仿木结构,没有梁柱,也叫"无梁殿"。该殿面阔五间,共两层,歇山顶,黄绿琉璃瓦为主,顶部间以蓝、紫色。外部四壁镶嵌1000多尊琉璃小佛像,殿内供奉观音、文殊、普贤像。整座建筑色彩富丽典雅、造型朴实凝重,体现出浓郁的宗教氛围。

（3）转轮藏

转轮藏是乾隆时期仿照宋代杭州法云寺藏经阁样式建造的,位于佛香阁东侧,环绕着一通《万寿山昆明湖石碑》。咸丰十年（1860年）被英法联军炮火所毁,现存建筑为光绪年间重建。转轮藏坐北朝南,由一座正殿和以飞廊连接的两座配亭组成。正殿面阔三间,两层三重檐,由三个四角攒尖顶组成楼顶,覆绿琉璃瓦,楼上有一座木质九层八方塔,上面供奉佛像共960尊。两侧配亭均为上下两层,八角攒尖单檐式。

（4）宝云阁

宝云阁位于佛香阁西侧的五方阁中央，人称"铜亭"，清代时每逢初一、十五都要让喇嘛诵经祈福。五方阁的平面布置象征佛教密宗的曼荼罗，正殿、配殿、配亭分别代表佛所居住的东、西、南、北、中五个方位。宝云阁位于正中，建于乾隆二十年（1755年），是一座铜铸的仿木结构的佛殿，重檐歇山顶，以汉白玉须弥座为基础，通高7.55米，重达207吨。

（5）花承阁

花承阁位于后山东区的山坡上，是一条三十七开间的半月形弧廊。该阁坐东朝西，面东的部分是一层，面西的部分是两层，形成了一座错层楼房。在阁的南面为塔院，院内是多宝琉璃佛塔。该塔为乾隆时期建筑，高16米，八角攒尖七层，周身用带有佛像的琉璃砖镶嵌。塔基为白石须弥座，塔身用黄、碧、蓝、紫等彩色琉璃砖相间错落，塔刹为铜鎏金。塔身七层高矮不同，上面三层为密檐，四、五层为重檐，一、三、五层较高，开有券门，四、六、七层各面都有浮雕佛像，共596尊。塔下有石碑一通，上刻乾隆皇帝《御制万寿山多宝塔颂》。

（6）须弥灵境

须弥灵境是颐和园后山的一组庞大的汉藏风格混合的佛寺建筑群，原貌已被英法联军焚毁，现存建筑为光绪年间重建。整个建筑群坐南朝北，平面形状略呈丁字形。整组建筑群分为汉式与藏式两部分。汉式位于北半部，进深117米，东西宽70米。殿堂建筑按照"伽蓝七堂"格局布置：第一层台地为寺前广场，北、东、西三面各有一座牌楼；第二层台地为东西配殿，均面阔五间，东配殿名"宝华楼"，西配殿名"法藏楼"；第三层台地上是正殿，面阔九间，进深六间，重檐歇山顶，覆黄琉璃瓦。藏式建筑位于南半部，南北长85米，东西宽130米，以香岩宗印之阁为中心，四周围绕藏式碉房建筑和喇嘛塔。香岩宗印之阁是颐和园后山最大的建筑，又叫"后大庙"，平面大致呈方形，面阔五间，进深三间，内檐两层，东、西、南三面墙身为典型的西藏风格"盲窗"样式，塔身以上共有三重屋顶。阁内第一层石台上供奉大悲菩萨站像和四十二臂观音铜立像，两边有四座紫檀亭式龛，里面供奉各式铜胎无量寿佛、救度佛母等。

佛香阁（王德平摄）

多宝琉璃佛塔（张培力摄）

智慧海

转轮藏（张培力摄）

宝云阁（张培力摄）

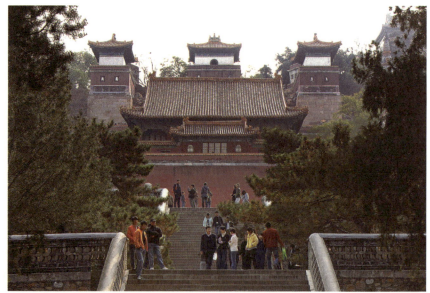

香岩宗印之阁（张培力摄）

须弥灵境喇嘛塔（张培力摄）

9. 法海寺

法海寺，全国重点文物保护单位，位于石景山区模式口村翠微山麓。该寺始建于明正统四年（1439年），明弘治十七年至正德九年（1504-1514年）重修，清康熙二十一年（1682年）重修。新中国成立后，先后于1953年、1982年、1985年和1993年进行过四次大规模修葺。

法海寺坐北朝南，原寺庙规模宏大，现仅存山门、天王殿、大雄宝殿、钟鼓楼等建筑。大雄宝殿面阔五间，殿内供奉过去佛、现在佛、未来佛，两旁列十八罗汉。殿外两颗白皮松为明代建寺时所植，已有五百七十多年的历史，人称"白龙松"。本寺最具遗产价值的明代壁画就存在于大雄宝殿内，共十幅。其中，佛像后扇面墙南、北各三幅，殿内东西两侧十八罗汉塑像后山墙上各一幅，北墙门两侧各一幅。殿内最为珍贵的壁画是北墙门两侧所绘的《帝释梵天护法礼佛图》，两幅共绘三十六人，人物服饰华丽，仪态美好，例如墙门左侧壁画中的广目天王，立眉瞪目，体态魁梧。大雄宝殿佛像坐龛背后有三幅壁画，中间是水月观音，右边是文殊菩萨，左边是普贤菩萨。三位菩萨的服饰远看轻盈透体，近看花纹如丝，给人以超凡的感觉。周围的清泉、绿竹、牡丹，普贤坐下的六牙象，文殊坐下的青狮，以及供养人等，都画得惟妙惟肖，栩栩如生。

法海寺壁画是保存最完整的明代壁画珍品，在艺术上有极高的造诣。其特点一是人物刻画饱满，突出了佛教人物的内心世界和人的信仰情绪的表达。二是壁画工丽严谨，使用线条自然奔放，无论人物、禽兽、花草均刻画细致，不落俗套。三是画面颜料以重色为主，多使用朱砂、石青、石黄等颜料，加之采用了"叠晕"烘染、描金、沥粉贴金等手法，不但加强了画面神秘飘渺、宁静深邃的气氛，而且时过五百余年依然相当鲜艳。在我国壁画史上，法海寺壁画代表了一个时代的最高水平。

第二章　北京的佛教寺庙

天王殿

大雄宝殿

10. 天宁寺塔

天宁寺塔，全国重点文物保护单位，位于西城区广安门外天宁寺内。天宁寺相传为北魏孝文帝拓跋宏创建，初名"光林寺"，隋仁寿二年（602年）改名"宏业寺"，唐朝改称"天王寺"，金大定二十一年（1181年）改为"大万安禅寺"。辽代在寺后院建舍利塔一座，即现存的天宁寺塔。元末天宁寺毁于战火，仅存高塔。明朝初年在原址之上重建天宁寺，后于正统年间（1436-1449年）和嘉靖三年（1524年）两度修缮扩建，清乾隆年间也曾两次修缮，清代中期以后天宁寺逐渐没落。经修缮后，成为对外开放的佛寺。

现存天宁寺只保留了原有规模的中路建筑。寺院坐北朝南，山门上题有"敕建天宁寺"。山门内有须弥殿，面阔五间，进深三间，殿前两侧各有一座石碑，分别为乾隆二十一年（1756年）和乾隆四十七年（1782年）重修天宁寺碑记，殿后有东西配殿各三间。

天宁寺塔位于中轴线后端，高57.8米，是一座辽代八角十三层密檐式实心砖塔。该塔建在一个方形砖砌大平台之上，平台以上为八角形须弥座，座下束腰部分雕有六个壸门龛，内雕狮头，转角处为浮雕金刚力士像，其上又有壸门浮雕束腰一道。塔座上部刻出具有栏杆、斗拱等构件的平座。须弥座上刻有三层巨大的仰莲瓣，以承托高大的塔身。塔身平面八角形，第一层较高，几乎是全塔高度的三分之一，八面间隔着隐作拱门和直棂窗，门窗上部及两侧浮雕出金刚力士、菩萨等神像，塔身隅角处的砖柱上雕有龙。第一层塔身之上为十三层密檐，塔檐紧密相叠，不设门窗，每层塔檐次第内收，密檐交角处悬挂一个大铃。塔刹是砖刻的两层八角仰莲，上置须弥座以承托宝珠。1976年唐山大地震时，塔顶宝珠被震碎，局部瓦件下坠，但整个塔身基本完好。

天宁寺塔气势恢宏，造型优美，须弥座、塔身、十三层密檐、巨大的塔刹相互之间组成了轻重、长短、疏密相间的艺术形象，已故建筑家梁思成先生盛赞此塔富有音乐韵律，是古代建筑设计的一个杰作。

◀ 大雄宝殿内壁画（老照片，引自《旧京史照》）

塔身精美雕像

◀ 天宁寺塔

11. 银山塔林

银山塔林，全国重点文物保护单位，位于昌平区兴寿镇下庄乡海子村西南银山南麓法华禅寺遗址内。早在金天会三年（1125年），高僧佛觉来到此山修建了大延圣寺。明宣德四年（1429年），太监吴亮出资重建，正统二年（1437年），英宗赐名"法华禅寺"，成化二十年（1484年）重修。该寺中轴线上有正殿三重，左右分建伽蓝、祖师二堂及廊庑、僧房。现存遗址基本反映了这一建筑格局。

银山塔林有许多造型各异的宝塔分布在山坡沟谷和丛林之中，目前保存最完整的就是法华禅寺遗址内的七座塔，其中北面两座为元代喇嘛塔，其余五塔系密檐式砖塔，为金元时期佛觉、懿行、晦堂、圆通、虚静等著名佛教大师的灵塔。五座密檐式砖塔均为仿木结构，其中金代塔为八角形，元代塔为六角形，颜色黄白相间，塔身自下而上逐层递减，其中佛觉、懿行、晦堂三塔为十三层檐，圆通、虚静二塔为七层檐。各塔高度不等，以佛觉塔为中心，四周错落分布，均由塔基、塔身、斗拱和塔刹构成，每座塔第一层多用黄绿琉璃瓦剪边和琉璃脊兽，在瓦脊上分别装饰有力士、天王、仙人、大鹏金翅鸟等。门楣下嵌半圆形石额，阴刻篆书塔铭，均为寺僧禅师名。门内砖雕佛像，形象生动，券面砖雕飞天，裙带飘扬。五座密檐砖塔都比较高大，最高是位居中心的佛觉禅师塔，高22.8米。两座元代喇嘛塔形制为密檐式与覆钵式结合。

银山塔林年代久远，在我国古代建筑史和美术史上占有重要的地位，对于研究我国北方地区佛教发展史和佛塔建筑工艺技术，具有重要历史价值。

第二章 北京的佛教寺庙

银山塔林七塔全貌

五座密檐塔

圆通禅师塔、虚静禅师塔与两座喇嘛塔

12. 戒台寺

戒台寺，全国重点文物保护单位，位于门头沟区马鞍山山麓，距京城三十五公里，寺内的戒台为我国著名的三大戒台之首。[①] 该寺始建于唐武德五年（622年），原名"慧聚寺"，元代末年被火焚毁，明宣德九年（1434年）重建，其后进行多次大修。明嘉靖二十九年至三十五年（1550-1556年）以七年时间进行过戒台寺历史上最大的一次全面修缮，康熙、乾隆时期均进行过扩建，最终形成今日规模。

戒台寺坐东朝西而略有偏北，将其中轴线指向数十里外的北京城。实际上，戒台寺有两组建筑群，有南北两条中轴线。南中轴线上自西向东依次分布山门殿、天王殿、大雄宝殿、千佛阁遗址和观音殿，多为明清时期扩建，其殿堂格局和殿内布置皆属常规。更具特色和价值的是北中轴线上的戒坛院，包括山门殿、戒坛殿、大悲堂及罗汉堂，是唐、辽金建筑的分布区。

戒坛院山门为面阔三间的单檐歇山式建筑，现今供奉原存于千佛阁的木质大佛龛，内供三尊铜佛。戒坛院的中心是戒坛大殿，也称"选佛场"，是明正统年间（1436-1449年）在辽代戒坛旧址上重建的。此殿造型比较独特，为重檐盝顶与四角攒尖顶相结合的木构建筑，即四面坡的殿顶正中有一小平台，平台的四周和正中各有一金色小顶，远看如同五座小塔并耸，玲珑别透。在戒坛大殿正中的那个青石砌成的"品"字高台，就是戒台寺得以驰名的戒台。戒台为明代遗物，高3.25米，为三层须弥山造型。戒坛建筑面积有127平方米，称"天下第一坛"。戒坛殿后的大悲殿及左右庑的罗汉堂中，原有清乾隆年间所塑的五百罗汉像，均未能保存下来。

戒坛院的东南为清恭亲王奕䜣整建的慧聚堂。寺院中心千佛阁（现仅存遗址）与慧聚堂之间是北京寺院中罕见的庭院式建筑群——牡丹院，院内遍种丁香、牡丹，将北京传统的四合院形式与江南园林艺术巧妙融合。千佛阁在南中轴线大雄宝殿之后，原是一座高二十余米，三层檐的方形高阁，现已毁，仅余台基。从千佛阁遗址左后的石梯可登上另一高台上的观音殿，此殿为全寺的终点，也是最高的一座建筑，建于清光绪年间。

另外，戒台寺的奇松也是远近驰名的。其中最负盛名的有植于辽代的卧龙松（大雄宝殿与千佛阁之间的台阶旁）、自在松（与卧龙松对称而生）、活动松（方丈院外）、抱塔松（戒台山门左侧）、九龙松（戒台山门右侧）等。

[①] 三大戒台：北京戒台寺、福建泉州开元寺、浙江杭州昭庆寺的戒台。

乾隆题写匾额的大雄宝殿（苑焕乔摄）

戒台寺鸟瞰（老照片，首都图书馆提供）

第二章　北京的佛教寺庙

戒台

13.觉生寺（大钟寺）

觉生寺，全国重点文物保护单位，位于海淀区北三环西路北侧，始建于清雍正十一年（173年），因寺内珍藏一口永乐大钟，俗称"大钟寺"。目前已被辟为古钟博物馆，馆藏古钟五百余口。

寺院坐北朝南，建筑风格古朴，是北京现存规模较大、布局完整的一座清代寺院。其建筑平面布局呈长方形，中轴线上的主要建筑由南往北依次为山门、天王殿、大雄宝殿、后殿（观音殿）、藏经楼、大钟殿。

寺院山门上方悬挂的青石匾额，正中金字为雍正御笔"敕建觉生寺"，是寺内仅存的建庙时的珍贵遗物。寺内最具特色的建筑为大钟殿，建在寺院最北端。闻名遐迩的古钟之王——永乐大钟即悬挂于此。

永乐大钟的历史比大钟寺早三百多年，明朝永乐年间明成祖朱棣下令铸造。永乐大钟有五绝：（1）形大体重，造型古朴雄伟。它通高6.75米，最大直径3.3米，重达46吨。（2）它通体内外都铸有经文：七部佛经、九项佛咒、一百多项梵文23万字，字体婉丽典雅，字字隽秀，是世界上铭文字最多的佛钟。（3）它钟声悠扬，富有节奏变化，可远传数十里，显示出当时世界上第一流的声学水平。（4）它铸造工艺高超，采用泥范法[①]一铸而成。（5）钟钮处的一根铜穿钉将沉重的钟体与钟楼木梁柱联结，安然高挂了五百多年，具有精巧卓绝的力学结构。

[①] 泥范法：先在地上挖一个大坑，用草木和三合土做好内壁，上面涂上细泥，把写好经的宣纸反贴在细泥上，刻好阴字，加热烧成陶范，然后再一圈圈做好外范。铸时，几十座熔炉同时开炉，炉火纯青，火焰冲天，金花飞溅，铜汁涌流，金属液体沿泥作的槽注入陶范，一次铸成。

第二章 北京的佛教寺庙

山门

大雄宝殿

14. 潭柘寺

潭柘寺，正名"岫云寺"，全国重点文物保护单位，位于门头沟区东南部小西山山系宝珠峰南麓，因附近山上有龙潭和柘树，故俗称"潭柘寺"。这是京城最古老的佛寺之一，素有"先有潭柘寺，后有幽州城"的民谚。该寺相传始建于晋代，原名"嘉福寺"，唐代改名"龙泉寺"，后经宋、金、元、明多次重修，清康熙年间进行了一次大规模扩建，改名"岫云寺"。

潭柘寺的寺院布局分为中、东、西三路。

中路是由大型殿宇组成的轴线建筑。山门正中券门上方匾额高悬，上书"敕建岫云禅寺"六个大字。大雄宝殿为重檐庑殿顶黄琉璃瓦绿剪边建筑，殿顶的"镀金剑光吻带"是清康熙皇帝于1699年赐予潭柘寺的，在我国的古建筑中极为少见，既有装饰作用又起到避雷针的功效。大雄宝殿后原有三圣殿和斋堂，现仅余遗址。寺内建筑随地势层层拔高，中路的终点是一座硬山双层阁楼式建筑，名为"毗卢阁"，是眺望寺容山景的最佳位置。

东路以庭院式建筑为主，包括行宫院、方丈院、延清阁、石泉斋、地藏殿、圆通殿等。行宫中有一座绿琉璃瓦单檐四角攒尖亭式木结构建筑，名"流杯亭"，坐北朝南，亭内地面为汉白玉石铺就，巨石上凿刻出弯弯曲曲十余厘米宽的水道，深约三寸，蜿蜒曲折，设计独具匠心，从南侧看为龙头图案，北侧看则是猛虎头图案。西路建筑是几座佛殿和三处自成系统的殿堂组合，有楞严坛、戒台大殿、药师殿、文殊殿、观音殿、祖师殿、龙王殿以及西南斋、写经室、大悲堂等院落，以"松竹幽情"为特色。

此外，还有位于山门外山坡上的安乐堂和上、下塔院，以及建于后山的少师静室、歇心亭、龙潭、御碑等。塔院中共有71座埋葬和尚的砖塔或石塔。整个建筑群充分体现了中国古建筑的美学原则，以一条中轴线纵贯当中，左右两侧基本对称，使整个建筑群显得规矩、严整、主次分明、层次清晰。潭柘寺不但人文景观丰富，自然景观也十分优美，寺内古树参天，翠竹名花点缀其间，假山叠翠、曲水流觞相映成趣，充分体现了我国"深山藏古刹"的营造传统。

◀ 永乐大钟

大雄宝殿

流杯亭内曲水流觞（叶盛东摄）

大雄宝殿内景

15.万佛堂、孔水洞石刻及塔

万佛堂、孔水洞石刻及塔，全国重点文物保护单位，位于房山区河北镇万佛堂村，京城著名古刹之一。孔水洞是一座喀斯特地貌的地下溶洞，泉水出口处建有一座佛殿，全名"大历万佛龙泉宝殿"。

万佛堂始建于唐代开元至天宝年间（713—756年），初建时称"龙泉寺"，后改称"大历禅寺"，寺院几经兴废，到明万历年间（1573-1620年）重建，并将唐代石雕《文殊、普贤万菩萨法会图》镶嵌在殿内墙壁上（由三十一块汉白玉高浮雕组成，是唐代石刻艺术的佳作），万佛堂也因此得名。

孔水洞附近有两座佛塔。一座位于左侧山冈上，建于辽代，塔坐北朝南，平面八角，外形挺拔俊秀，由于塔上部装饰有巨大莲花瓣，故名"花塔"。另一座位于孔水洞东南，塔身为八角七层密檐式砖塔，为元代"龄公和尚舍利塔"。

该组文物跨隋、唐、辽、元、明各代，是石刻、佛塔、佛殿结合一体的文物群体，也是"房山石经"早期刻经地点之一，具有重要的文物价值。

万佛堂与其下的孔水洞

辽代花塔

16.法源寺

法源寺，又称"悯忠寺"，全国重点文物保护单位，位于西城区菜市口附近教子胡同的南端，是北京城内现存历史最悠久的佛寺。该寺始建于唐代，中和二年（882年）毁于火灾，景福初年（892年）重建。辽清宁三年（1057年）毁于地震，咸雍六年（1070年）进行了修复。金代时，该寺为燕京名刹，曾是女真人进士的考场。元末明初寺院毁于战火，明正统二年（1437年）重建后更名为"崇福寺"。清雍正十二年（1734年）大修，钦定为专司戒事的皇家律宗寺院，并赐名"法源寺"，乾隆四十三年（1778年）和四十五年（1780年）又进行两次修缮。"中华民国"时期，法源寺是北京城最大的停灵寺院之一。中华人民共和国成立后进行了多次修葺，1956年将中国佛学院设在这里。"文化大革命"时，寺院遭到严重破坏，建筑、碑刻、佛像、藏经等大量被毁。1978年，经修缮，法源寺成为对外开放的佛寺，并于次年建立了中国佛教图书文物馆。

该寺现存建筑为明清时所建。寺院坐北朝南，平面为不规则的长方形，全寺可分为六进院落，主要建筑都集中在南北中轴线上，依次为山门、天王殿、大雄宝殿、悯忠台、毗卢殿、大悲坛和藏经阁等。山门由正门和两侧门组成，门外南侧有一砖雕影壁，门内为天王殿，殿内供奉明代铜铸的弥勒佛像和四大天王。主体建筑大雄宝殿面阔五间，进深三间，檐下饰和玺彩画，抱厦梁架上悬挂着乾隆帝御书的"法海真源"匾额。殿前有明清石碑六通，记述了修寺的历史经过。大雄宝殿后为悯忠台，主要收藏法源寺内比较著名的石刻文物。第四进院落主殿为毗卢殿，又称"净业堂"或"大遍觉堂"，殿内曾供奉唐三藏玄奘法师顶骨舍利，1949年后被盗。殿前两层石座之上有一元代石钵，雕刻海水江崖、山海龙马等图案，精美绝伦。大悲坛又称观音殿，面阔五间，殿后接抱厦一间，殿内供奉七尊观音像，形态各异，另陈列有唐代至清代的各种佛经善本，并有西夏文、回鹘文、蒙古文、藏文和傣文的佛经。藏经阁位于最后一进院落内，是座二层楼建筑，面阔五间，楼上保存了各种版本的佛经典籍，是中国珍藏佛经最多、版本最珍贵的机构之一。

天王殿

毗卢殿与元代石钵（苑焕乔摄）

17. 碧云寺

碧云寺，全国重点文物保护单位，位于北京西郊香山静宜园北、西山余脉古聚宝山东路。该寺始建于元代至元十六年（1289年），原名"碧云庵"。明代两位宦官于经、魏忠贤都对该寺进行过重修和扩建。清乾隆十三年（1748年）修建金刚宝座塔，寺右建五百罗汉堂，寺左建行宫院，奠定今日格局与规模。

碧云寺坐西朝东，建筑层层递增，是一座依山势布局的佛寺建筑。山门、天王殿（弥勒殿）、大雄宝殿（释迦牟尼殿）、菩萨殿、中山堂（普明妙觉殿）、金刚宝座塔坐落在中轴线上，左右各有配殿、厢房。

山门所悬汉、满、蒙、藏四种文字大匾，镌刻乾隆手书"碧云寺"，两个石狮立在山门旁。山门殿中两尊金刚力士塑像，原为明代塑像，后毁于"文化大革命"中，现为后人重塑。弥勒殿中有明代制作的弥勒佛像。大雄宝殿为面阔三间的庑殿式建筑，殿中供奉释迦牟尼佛像，左右为文殊、普贤菩萨及佛祖的两位弟子迦叶、阿难尊者。中山堂位于菩萨殿后，悬匾为宋庆龄手书"孙中山纪念堂"。纪念堂后有一座通体洁白、雕刻精美的四柱三间三楼的石牌楼，为清代所建。金刚宝座塔建于乾隆十三年（1748年），坐西朝东，是汉白玉雕刻的高台及五座宝塔，形制仿真觉寺金刚宝座塔。塔身满布浮雕，有大小佛像、天王力士、龙凤狮像和流云纹饰，五座小塔均为十三层密檐方塔。中轴线南侧是著名的五百罗汉堂，堂内排列有木质漆金罗汉500尊，佛、菩萨及其他像7尊，加上房梁上蹲着的济公活佛，总计508尊雕像，是非常珍贵的清代艺术珍品。

罗汉堂内漆金罗汉像（张培力摄）

金刚宝座塔

金刚宝座塔(老照片,引自《旧京史照》)

大雄宝殿

塔院石牌坊

金刚宝座塔精美雕刻

18. 大慧寺

大慧寺，全国重点文物保护单位，位于海淀区西直门外魏公村。大慧寺始建于明正德八年（1513年），寺庙原来规模宏大，但随着朝代更替，日渐衰落。清乾隆二十二年（1757年）重修，清光绪以后逐渐荒废。新中国成立初尚存有山门、东西配殿和大悲阁等建筑，历经"文化大革命"后，现仅存大悲阁。

大悲阁面阔五间，进深三间，重檐庑殿顶。大殿正中原有一尊明代铸造的千手千眼观音菩萨铜像，抗战时期被日军劫掠，下落不明。目前殿内仅存的立佛及两个胁侍菩萨均是补塑，为木胎施粉彩塑。

大悲阁内东西墙及后檐墙前的须弥座上，分列有二十八尊明代泥塑彩绘诸天神像，高约2米，比例匀称，造型丰满，有帝释、梵天、地藏王、韦驮、鬼子母等形象，造型各异，个性突出。是北京现存的明代泥塑中不可多得的艺术精品。

大悲阁殿内还有一套精美的大型彩色工笔连环绘画，是幸存的明代原作。内容描绘了一个普通人终生为善，最终超生得道的故事。壁画不仅色彩鲜明，而且技法精妙，人物形象细致传神。

大悲阁将建筑、彩塑和绘画三大艺术熔为一炉，具有较强的艺术魅力和观赏价值。

大悲阁（叶盛东摄）

清末大慧寺彩塑

19.十方普觉寺（卧佛寺）

十方普觉寺，全国重点文物保护单位，建于唐贞观年间（公元627-649年），初名"兜率寺"，元延祐七年（1320年）开始扩建，改称"寿安山寺"，扩建后曾改称"大昭孝寺""洪庆寺"。明代曾进行过五次重修，崇祯年间（1628-1644年）改名"永安寺"。清雍正十二年（1734年）开始大规模修建，赐名"十方普觉寺"。乾隆四十八年（1783年）增建行宫院和琉璃坊。民国年间由私人募捐进行过一次修缮。1955年全面重修。因寺内有元代巨大的铜卧佛，故俗称"卧佛寺"。

寺院坐北朝南，由三组并列的院落组成。山门、天王殿、大雄宝殿（三世佛殿）、卧佛殿、藏经楼位于中轴线上，两侧配以廊庑配殿。东路为寺僧起居处所，有大斋堂、大禅堂、霁月轩、清凉馆、祖堂；西路为清朝皇帝避暑行乐监理政务的行宫院。

琉璃彩坊位于寺前，四柱七楼，雄浑壮观，坊柱和三拱门均为汉白玉雕成，中间正楼匾上有乾隆皇帝御笔"同参密藏"。大雄宝殿面阔五间，进深三间，单檐歇山顶，是寺中最大的佛殿，内供三世佛坐像（中央婆娑世界的释迦牟尼佛，东方净琉璃世界的药师佛，西方极乐世界的阿弥陀佛）。卧佛殿面阔三间，进深两间，单檐歇山顶，是寺内的精华部分。明间檐下黑色金字匾"性月恒明"（慈禧书），殿内为著名的铜铸释迦牟尼卧像，元代至治元年（1321年）铸造，头西面南，右手曲肱托头，左手自然平放于腿上。这尊卧佛铸造得体态自如，表现了佛教艺术中净化、浑朴、肃穆的风格和元代高超的冶炼技术。

元代卧佛像（老照片，首都图书馆提供）

五彩琉璃牌坊

卧佛殿

20. 清净化城塔

清净化城塔，全国重点文物保护单位，位于朝阳区安定门外黄寺路中段。

原有西黄寺，清顺治九年（1652年）为迎接西藏宗教领袖五世达赖所建，又称"达赖庙"。西黄寺共81间，互柱分间，结构独特，为上下两层藏式长方形楼房，飞檐翘角，歇山房顶，覆金黄色琉璃瓦，全部采用金丝楠木结构，四周均有出廊相通。楼上正中为卧室，陈设炫目，杂七宝为之。楼有御座蒙以龙袱，金银佛像若干尊，富丽为诸寺之冠。但遗憾的是此楼在晚清遭英法联军掠夺破坏，1937年再遭劫难成为日本驻扎的兵营，1958年因破败不堪被迫拆除，目前仅存西黄寺旁的清净化城塔塔院。

清净化城塔始建于清乾隆四十六年（1781年），是乾隆皇帝为在京逝世的六世班禅大师所建的衣冠冢。塔院坐北朝南，由三进院落组成。第一进山门殿面阔三间，单檐歇山黄琉璃顶，两侧短墙各有掖门，再两侧是琉璃花、龙雕嵌心的八字墙，门前有石狮一对。第二进天王殿后正对垂花门，门内为第三进大雄宝殿，面阔五间，东西各有配殿三间。后为清净化城塔，建于3米高的石座上，南北两面建石牌坊，上刻龙、凤、八宝等各式花纹，塔座前两旁各有石辟邪一个。塔座上建五塔。正中大塔高15米，为喇嘛塔式，基础为八角形，分上下两层：下层雕刻有鱼、虾、蟹等动物形象，上层雕刻有凤凰、卷草、"卍"字纹等。基础之上置三层八角形须弥塔座，满布动植物花纹浮雕。须弥座束腰部分八面分别雕刻佛教传说故事，即"八相成道"图，束腰转角处雕刻力士8尊。塔身为覆钵式，正面辟佛龛，龛内浮雕三世佛，龛旁分别雕刻菩萨立像8尊。在主塔四隅有四座小塔亭亭玉立，高约8米，为八角形密檐经幢形状，分别刻有经文。五塔前后各有一座四柱三楼汉白玉石牌坊，顶为庑殿式，檐下施斗拱，额枋间浮雕龙凤和藏文佛咒。五塔东西两侧另有碑亭两座，均为黄琉璃瓦重檐歇山顶，亭内各有石碑一座。西亭内石碑上刻玉兰一株，用汉藏文刻有《班禅圣僧像并赞》，东亭内石碑立于龟趺上，用汉、满、蒙、藏四种文字雕刻《清净化城塔记》。

清净化城塔将汉、藏、印度等不同艺术风格融合在一起，堪称清代金刚宝座式佛塔建筑中的精品。

清末时期的清净化成塔

石牌坊(张妙弟摄)

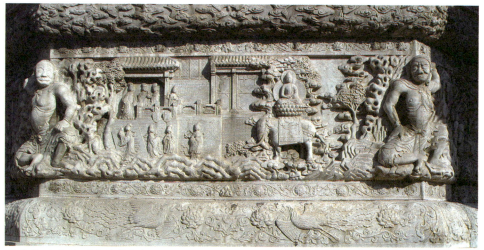

塔身精美雕刻(张妙弟摄)

21. 柏林寺

柏林寺，全国重点文物保护单位，位于东城区戏楼胡同1号，雍和宫以东。该寺始建于元至正七年（1347年），明正统十二年（1447年）重建。清康熙五十二年（1713年），为庆祝康熙帝六十寿辰，由胤禛主持大规模修缮。乾隆二十三年（1758年）重修。1949年后曾一度荒废，后辟为北京图书馆善本书馆，现属文化部等多家单位。

柏林寺坐北朝南，中轴线由南至北依次为山门、天王殿、圆俱行觉殿、大雄宝殿和维摩阁，斋禅堂分布两厢，西有行宫。大雄宝殿内原有明代塑造的三世佛，维摩阁上有明代制作的七尊木制漆金佛像。东配殿南面，原有康熙四十六年（1707年）铸造的交龙纽大铜钟，周身刻《华严经》生净土神咒经文，称"华严钟"，现已移至北京大钟寺古钟博物馆。寺内现存石碑两块，用满、汉文记述了乾隆二十三年（1758年）重修柏林寺，另有乾隆书写的柏林寺历史沿革。寺内原藏有雍正十一年（1733年）至乾隆三年（1738年）新制的"龙藏经版"79036块，后经变故，实存78230块，是我国释藏中唯一保存较完整的经版，具有较高的历史价值，1982年经版移至智化寺保存。

山门（老照片，引自《旧京史照》）

圆俱行觉殿（沈彤摄）

大雄宝殿（沈彤摄）

22. 报国寺

报国寺,全国重点文物保护单位,位于西城区广安门内大街路北。该寺始建于辽乾统三年(1103年),明初渐颓,明成化年间(1465-1487年)重建,更名"大慈仁寺",清乾隆十九年(1754年)重修。1840年鸦片战争后,报国寺每况愈下,抗日战争时期寺院沦为日军从军僧在华北的基地。新中国成立初先后改作办公室和工厂。1989年修缮后,辟为文化市场,恢复传统庙市,1997年6月起向社会开放。

报国寺规模宏伟,有殿宇数层,连同配殿共计六十余间。山门面阔三间,五檩硬山顶,前出廊,系1997年复建。第一进殿为昭忠祠山门,面阔五间,七檩悬山顶,殿前置有石狮两座,东、西两侧置龟趺石碑各一通。第二进殿为天王殿,面阔三间,七檩悬山顶,殿前置龟趺石碑两通,殿东、西两侧建有配殿,面阔各五间,七檩硬山顶。第三进殿为大殿,面阔九间,七檩歇山顶,灰筒瓦,绿琉璃瓦剪边,殿前建有砖石月台,大殿东、西两侧建有配殿,面阔各五间,五檩悬山顶。第四进殿为后殿,面阔五间,七檩悬山顶,后殿左右建有朵殿,面阔各三间,七檩硬山顶,后殿东、西两侧建有配殿,形制与朵殿相同。第五进殿原为毗卢殿,高36级,阁外环饰游廊,清代已毁,现尚存明宪宗御制建寺碑和清代御制重修报国寺石碑。

大慈仁寺刻石(朱永杰摄)

第二章　北京的佛教寺庙

大殿（朱永杰摄）

昭忠祠山门前文化市场（朱永杰摄）

23. 承恩寺

承恩寺，全国重点文物保护单位，位于石景山区模式口大街东部。该寺建于明正德年间（1506-1521年），清乾隆、道光年间曾两次修缮。

承恩寺保留有四进院落，包括山门殿、天王殿、大雄宝殿、两厢配殿和后殿等，院墙四角有瞭望碉楼，下有地道相通，为明、清寺庙所罕见。寺内尚有明碑两座，一为皇上敕谕碑，明正德八年（1513年）立；一为吏部尚书李东阳撰记，明正德十年（1515年）立。天王殿四壁各绘有一条巨龙，这些壁画均采用明代沥粉堆金工艺，绘画技艺十分高超，特别是"放生图"，学术价值极高。

承恩寺自古有"三不"之说，即"不受香火""不做道场""不开庙"，因此寺门常年紧闭。有人推断，此处可能是明代政治史上的特务机构，是东厂西厂的外围重要据点，兼有皇家情报机构的功能。

山门

大雄宝殿

小京流影

BEIJING LIUYING

北京寺庙观堂

寺内碉楼

24. 大觉寺

大觉寺，全国重点文物保护单位，位于海淀区北安河乡。始建于辽咸雍四年（1068年），因寺内有清泉流入，故初名"清水院"，后称"灵泉寺"。明宣德三年（1428年）重修扩建，名"大觉寺"。明末清初大觉寺倾圮，经康熙五十九年（1720年）、乾隆十二年（1747年）两次重修，再加上以后几度修葺才形成现在的规模。

大觉寺主要殿宇都坐西朝东，原因在于此寺为辽代所建，契丹人有拜日的习俗，因此屋宇建筑都是东西向。寺内建筑殿宇恢宏、布局严谨，分中、北、南三路。中路依次为山门、放生池、天王殿、大雄宝殿、无量寿佛殿、大悲坛、藏经院，多为明代遗物，但带有浓厚的辽金风格。北路为方丈院（北玉兰院）、僧房和香积厨等生活用房。南路为戒坛和由四宜堂院、憩云轩、领要亭等组成的园林风格的皇帝行宫建筑。

大雄宝殿具有典型的辽金建筑风格，单檐庑殿式建筑屋顶坡面舒缓、斗拱硕大、脊饰雄伟，中心区域的蟠龙藻井气度非凡。殿内供奉三世佛，正中为释迦牟尼，左为药师佛，右为阿弥陀佛，后壁供奉观音、文殊和普贤，两侧佛龛分别供奉着十地菩萨和二十诸天。无量寿佛殿内供奉无量寿佛，壁板后为一组大型海岛观音悬塑，为清代悬塑艺术的精品，也是目前北京地区唯一的一处大型悬空雕塑造像。大悲坛后是迦陵禅师塔，建于雍正六年（1728年），塔高12米，下有八角须弥座，中部为圆形塔身，上方为细长的相轮，顶部装饰宝盖，是典型的覆钵式灵塔。

无量寿佛殿

大雄宝殿内三世佛像（梁怡摄）

无量寿佛殿内彩塑佛像（梁怡摄）

迦陵禅师塔

25. 广济寺

广济寺，全称"弘慈广济寺"，全国重点文物保护单位，位于西城区阜成门内大街25号。该寺原址为金代的西刘村寺，元代曾更名为"报恩洪济寺"，元末毁于战火。明天顺年间（1457-1464年）重建，成化二年（1466年）明宪宗赐名"弘慈广济寺"。万历十二年（1584年）、康熙三十三年（1694年）都有不同程度的扩建。1931年此寺毁于火灾，1935年在军阀吴佩孚的资助下重建，新中国成立后政府多次拨款修缮。现为中国佛教协会所在地。

广济寺坐北朝南，占地面积约35亩，中轴线由南至北依次为山门、天王殿、大雄宝殿、圆通殿（观音殿）、藏经阁（舍利阁），另有西路院，内有三层汉白玉戒坛。山门正中石券门上方刻"敕建弘慈广济寺"，东西旁门为绿琉璃瓦黄剪边歇山石券门，东门额书"毗卢性海"，西门额书"华藏玄门"，两侧有八字墙。天王殿面阔三间，灰筒瓦歇山顶。大雄宝殿面阔五间，黄琉璃筒瓦单檐歇山顶，殿内供三世佛和铜质十八罗汉像，佛像后有清乾隆年间画家傅雯的巨型指画《胜果妙音图》，高5米，宽10米，描绘的是释迦牟尼灵山说法的故事。圆通殿面阔五间，殿内供奉三尊观音塑像。寺内最后一进院落主体建筑为一座两层阁楼，下层为多宝殿，上层为舍利阁，曾供奉释迦牟尼佛牙舍利，1964年舍利移至西山八大处灵光寺内。寺庙的西北隅是戒坛殿和汉白玉砌成的戒坛，建于清康熙三十七年（1698年），是广济寺保存的最古老建筑物，今称"三学堂"。寺中旧有古树一棵，树旁立石碑上刻乾隆帝御制《铁树歌》。

大雄宝殿

天王殿（张斌摄）

舍利阁（张斌摄）

三学堂（张斌摄）

大雄宝殿内铜质罗汉像（张斌摄）

26.万寿寺

万寿寺,全国重点文物保护单位,位于海淀区西三环北路万寿桥东北。始建于明万历五年(1577年),清乾隆十六年(1751年)、乾隆二十六年为给当朝皇太后祝寿曾两次修葺,后又有所修缮,使其规模日趋宏丽。

万寿寺坐北朝南,南邻长河,东西排列分为中、东、西三路,以中路为主体,共有七进院落,呈轴线对称分布,依次为山门、天王殿、大雄宝殿、万寿阁、大禅堂、观音殿、无量寿佛殿和万佛楼,西路为行宫,东路为方丈院。

山门为歇山顶式建筑,面阔三间,正门上方额书"敕建护国万寿寺"。大雄宝殿位于天王殿后,又称"大延寿殿",面阔五间,庑殿顶,明间后檐有抱厦。殿内供奉三世佛。万寿阁原名"安宁阁",八角,1981年失火焚毁,仅存东西配殿,东为大圆满殿,西为普度众生殿,皆为面阔三间的歇山顶式建筑。假山上分三大士殿,正为观音殿,左为文殊殿,右为普贤殿。无量寿佛殿在假山北,为三间重檐方阁,阁前后各有六角重檐御碑亭一座,内为乾隆二十六年(1761年)所立《重修万寿寺碑文》,前亭刻汉、满文字,后亭刻蒙、梵文字。全寺最后建筑是两层木结构的万佛楼,也称藏经楼,面阔七间,进深三间。

万寿寺内布局严谨、错落有致,既有严整的寺院风格,又带有浓郁的园林色彩,显示了我国古代建筑艺术史上的卓越成就。

1984年山门维修(翻拍于万寿寺内展览)

乾隆二十六年（1761年）建巴洛克风中西合璧院门

万寿阁

造型精美的佛像（首都图书馆提供）

27.镇岗塔

镇岗塔,全国重点文物保护单位,位于丰台区长辛店云岗村东边的黄土山岗上,金代建造,为九级密檐式砖砌实心花塔,通高18米,坐北朝南。

塔基上有精美古朴的砖雕花饰。塔身上挑出短檐,上置须弥座,座上承托七层佛龛,且环绕组成巨大锥花束,第一层佛龛为重层楼阁式方塔,第二层以上均为单层亭式方塔。第一层塔以上有密布的佛龛环绕,每层内端坐佛像一尊,神态庄严逼真,自第二层开始,每面所雕佛像排列整齐。塔刹是一八角形座,上置巨大宝珠,塔的外形有明显的收刹。整座塔造型古朴别致,砖雕精美,是一座具有高度艺术价值的古塔。

塔身上密布的佛龛

▶ 镇岗塔

28. 慈寿寺塔

慈寿寺塔，全国重点文物保护单位，位于海淀区八里庄，建于明万历四年（1576年）。原慈寿寺内有天王殿、钟鼓楼、永安万寿塔、延寿宝殿等一系列建筑，清代寺院毁于大火，仅存玲珑宝塔（永安万寿塔），因原属慈寿寺内建筑，又称"慈寿寺塔"。

慈寿寺塔为八角13层密檐式塔，高近60米，由塔基、塔身、塔刹三部分组成。塔基分上下两层，下层为边角镶石的三层平台，上层是双层须弥座，雕有精美的莲花坐台。须弥座上部雕刻有笙、箫、琴、瑟等古代乐器。塔身四面有砖雕的拱券门和半圆形雕窗，拱券门上的匾额分别是：南面"永安万寿塔"，东面"镇静皇图"，北面"真慈洪范"，西面"辉腾日月"。每层有佛龛24个，原供奉铜佛312尊。门窗两侧塑有金刚力士像。塔身各处布满砖雕和泥塑人物像，均遭到严重风化。玲珑塔檐角原挂有风铃三千多枚。塔顶为鎏金莲珠塔刹。由下至上仰望玲珑塔，密檐逐层缓缓上收，檐下砖雕的斗拱层层支护，直到塔顶。塔身稳固美观，遮而不露。

慈寿寺塔北立有两块万历年间的石碑，左侧为紫竹观音像，右侧为鱼篮观音像和关帝像。鱼篮观音取材于佛经《感应传》及《法华持验》。据20世纪80年代全国文物普查统计，玲珑塔所存的《鱼篮观音图》是全国仅存的两幅之一，十分珍贵。

慈寿寺塔砖雕

▶ 慈寿寺塔

29.良乡多宝佛塔

良乡多宝佛塔,又称昊天塔,全国重点文物保护单位,位于房山区良乡镇东关,是北京地区现存唯一一座楼阁式砖塔。据《日下旧闻考》记载,这里在隋代曾建法象寺并有宝塔一座,唐代曾重修过,后来寺庙被毁,现在的昊天塔为辽代所建。

塔的形制平面呈八角形,通高44.56米,是一座完全仿木结构的砖塔,外形端庄俊美,塔身坚固稳定,结构分为塔基、塔身、塔刹三部分。

塔基为须弥座式,高6.3米,雕刻有花卉、走兽、人物等图案。塔身高32.7米,共有五层,每层高度不同,最下面两层高度较大,越往上高度越小,每层各有一个须弥座和层檐,东西南北四面设有券门,其余四面为方形直棂窗。塔刹是全塔的最高部分,由几个巨大的砖雕仰莲莲瓣和宝珠组成,其外形犹如一顶皇冠装饰在宝塔之上,使得宝塔更加秀丽多姿。

良乡塔远眺

良乡塔

30. 普度寺

普度寺，全国重点文物保护单位，位于东城区南池子大街东侧普度寺前巷35号。又名"玛哈噶喇庙"，是"故宫外八庙"之一，北京城内重要的皇家藏传佛教寺庙。该寺在明代时曾为皇宫皇太孙府重华殿的一部分，清军入关后辟为睿亲王多尔衮的府邸。清康熙三十三年（1694年），改建为藏传佛教寺庙，乾隆四十年（1775年）重修并扩建，赐名"普度寺"。辛亥革命后，民国政府将庙宇改为小学，现寺院仅存山门和大殿。

普度寺山门面阔三间，进深一间，硬山顶，上覆绿色琉璃筒瓦，殿脊饰走兽，檐下绘金龙和玺彩画，正中开卷门，两侧有窗，南面阶梯五级。大殿坐北朝南，正名"慈济殿"，整体建筑建于雕刻精美的汉白玉须弥座上。殿体面阔七间，进深三间，单檐歇山顶，上覆绿琉璃筒瓦，三层飞檐椽。殿前还有面阔三间、进深一间的单檐卷棚歇山顶抱厦，顶加黄琉璃筒瓦绿剪边，四周有36根朱红色檐柱环立，每根柱头均有精美龙头浮雕。大殿檐下柱间，绘有金龙和玺彩画。大殿内以皇宫专用的金砖铺地。此外，大殿的窗棂、斗栱和梁架造型和图案均有明显的满洲风格，这在北京寺庙乃至王府建筑中都十分罕见。

大殿（老照片，引自《旧京史照》）

山门（张妙弟摄）

大殿（张妙弟摄）

31.摩诃庵

摩诃庵,全国重点文物保护单位,位于海淀区八里庄南玲珑巷,明嘉靖二十五年(1546年)由太监赵正集资建造。

摩诃庵坐北朝南,中轴线为二进院落,现存有山门、大雄宝殿、东西配殿、廊庑及方丈院等建筑。整个寺院小巧典雅,山门上书"摩诃庵",大雄宝殿内顶部团龙藻井异常精美,庵院围墙四隅原设有石碉楼各一座,现东南、东北、西北三座尚存。庵内尤为珍贵的是大雄宝殿内明代壁画和金刚殿内60方明代重修集篆三十二体金刚经石刻,是研究古代书法艺术及佛教经典的实物资料。

碉楼(叶盛东摄)

山门（叶盛东摄）

大雄宝殿（叶盛东摄）

32.万松老人塔

万松老人塔，全国重点文物保护单位，位于西城区西四南大街41号砖塔胡同内，是北京城内仅存的一座砖塔。该塔始建于元代，原为八角七级密檐式，清乾隆十八年（1753年）重修时加高至九级。1927年北洋政府交通总长叶恭绰等人组成"万松精舍"，筹资重修，新建门楼并加筑围墙，门楼上石额书"元万松老人塔"。1986年西城区政府出资重修，施工中发现了清乾隆十八年重修时裹砌其内的元塔。

万松老人塔塔高15.9米，塔院东西长14米，南北宽7米，占地面积99.3平方米，其中建筑面积22.5平方米。塔身分为内外两层，东、西、南、北四面设券门，其余四面辟棂窗，最上面两层八面均辟券门。门为拱券式，券外绘方形图案，设有砖雕门额、门簪。各层均叠涩出檐，托出一平台，惟底层有瓦脊。各层檐角皆有挑檐木，外端有铁环，原置有风铎（大铃）。塔心和外层之间形成八角形环廊，犹如大塔中包着一层小塔，回廊两侧设有25个壁龛，龛内有壁画或泥塑像，回廊顶端有雕花砖天花板，并加彩绘，刻制精美细腻。在塔座基主壁龛内，以及各层回廊的砖壁上，嵌有许多碑刻和名人题咏。

万松老人（1166—1246年）即万松行秀禅师，自称万松野老，为金、蒙古帝国时期佛教曹洞宗的高僧，河内（今河南洛阳）人，俗姓蔡，于荆州出家。他深得佛法，又精通儒学，故深受金章宗器重，赐居燕京（今北京）西郊的栖隐寺。元初，耶律楚材曾拜在他门下学佛三年。万松老人81岁圆寂，著作有《从容录》《请益后录》《万寿语录》等，世人尊称为"万松老人"。

▶ 万松老人塔（孙旭摄）

33.灵岳寺

灵岳寺，全国重点文物保护单位，位于门头沟区斋堂镇北。该寺始建于唐贞观年间（627-649年），辽代进行修葺，称"白铁山院"，金代称"灵岳寺"，后元、明、清多次进行大规模修缮。

灵岳寺坐北朝南，依次有山门殿、天王殿、大雄宝殿、两厢配殿及钟鼓楼残垣。山门面阔一间，歇山顶，墙体磨砖对缝，砖券拱门，砖雕鸱吻，两侧有倒座房各三间。大雄宝殿采用庑殿顶，面阔五间，进深四间。殿宇出檐很大，康熙年间竖立柱加固，檐下双昂五踩斗拱，简洁实用，彩绘佛像，细致入微。四扇大门，直棂窗。灵岳寺是门头沟区建寺最早，保存规模最大的寺庙之一。

大殿（孙明进摄）

二 北京市文物保护单位

1. 魏太和造像

魏太和造像，北京市文物保护单位，是北京仅存的最完整、最古老的一尊石佛，首都博物馆藏品，原位于海淀区聂各庄乡车耳营村北，北魏太和二十三年（499年）雕刻。

佛像为释迦牟尼，赤脚立姿，全高2.2米、宽1.16米，涂以丹青。佛像身高1.65米，立在一米余高的须弥莲花座上。佛像面部端庄、丰满，头部为螺形发髻，两耳垂肩，斜披袈裟，长袖拂地，袒胸赤足。左手合拢并臂微弯下垂做"与愿印"，右手曲肱胸前做"施无畏印"。上身内穿僧祇支，下穿菊花图案丝裤，衣褶流畅，凹凸分明。佛前身两旁及头部光环中雕有击鼓吹箫的伎乐天人31尊。石佛后为高2.2米的背光，背光后又有自上而下横排的小佛像12排，每排数量不等，大小各异，共有124尊。佛像身边有浮雕像2尊，应为释迦的弟子阿难和迦叶。

1998年3月佛像被盗。盗窃过程中，造像被摔成5块，部分边角缺损。同年9月30日，魏太和造像被移回北京，修复后藏于北京石刻艺术博物馆，后藏于首都博物馆。

魏太和造像局部

2. 西山八大处

西山八大处，北京市文物保护单位，位于石景山区西山风景区南麓。自唐代至清代，先后在这里建成八处规模宏伟的寺庙，即长安寺、灵光寺、三山庵、大悲寺、龙王堂、香界寺、宝珠洞、证果寺，统称"八大处"。

（1）第一处：长安寺

长安寺位于翠微山西南隅，建于明弘治十七年（1504年），清康熙十年（1671年）重修。该寺旧有初地寺、翠微寺、善应寺之称。寺门东向，院落两进，前殿为释迦殿，后殿为娘娘殿，两旁建有厢房。寺内殿廊悬有一口明万历二十八年（1600年）铸造的铜钟，并有古老的玉兰、金丝木瓜等珍贵花木。

长安寺院落

◀ 魏太和造像弟子像

（2）第二处：灵光寺

灵光寺位于翠微山脚下。始建于唐大历元年（766年），初名"龙泉寺"。辽咸雍七年（1071年）造十层八面招仙塔，内藏佛牙舍利。金大定二年（1162年）修葺，改名"觉山寺"，历久倾塌。明成化十五年（1479年）重修，改名"灵光寺"。

寺内原有的招仙塔为八棱十三层佛塔，因塔上雕有佛像和佛经故事，故称"画像千佛塔"，后被八国联军以重炮所毁，现仅存塔基。为安置佛牙舍利，1959年在招仙塔基遗址北面，兴建新塔。新塔为八角十三层密檐式，砖石结构，通高51米，塔身采用辽、金密檐式形制。第一层塔身较高，上施密檐13重，每层配以绿色琉璃瓦。塔刹采用覆钵形喇嘛塔形制，装有镏金宝瓶。厅堂大门正中上方高悬一块大匾，上书"佛牙舍利塔"五个大字。塔内设七层殿堂，底层为一暗室，室外有石梯可上达佛牙舍利堂，堂内设一金刚座，安放纯金七宝金塔，佛牙舍利即安放在内。

灵光寺佛牙舍利塔

灵光寺画像千佛塔遗址

（3）第三处：三山庵

三山庵，位于灵光寺北不到半里，创建于金天德三年（1151年），清乾隆年间修葺。此庵面积不大，有正殿三间。正殿门口正中有一长方形汉白玉石，石上有天然山水、人物、鸟兽花纹等，如流水行云般，称"水云石"。

三山庵

（4）第四处：大悲寺

大悲寺，位于翠微山中部，在三山庵正西半里的平坡山腰，原名"隐寂寺"。创建于元代，明嘉靖二十九年（1550年）建大悲阁。清康熙五十一年（1712年）改名"大悲寺"，乾隆六十年（1795年）重修，康熙年间赐"敕建大悲寺"匾额。大悲寺三进院落，庙门东向，主要建筑有山门殿、大雄宝殿、观音殿等，寺内还有两棵参天古银杏树，树龄高达八百余年。

大悲寺

大悲寺观音殿

（5）第五处：龙王堂

龙王堂，位于大悲寺西北，又名"龙泉庵"，始建于明洪熙元年（1425年）。清顺治二年（1645年）在该处地下发现一泓清泉，经修建形成如今的龙王堂。康熙十一年（1762年）又加以修葺。龙王堂共有五个院落，上中下三层，除主殿外，尚有卧游阁、听泉小榭、妙香院和华祖院。院内松柏高大，如云蔽日，龙泉泉水清澈甜冽，四时不涸。

龙王堂

顺治年间发现的龙泉

(6)第六处：香界寺

香界寺，位于龙王堂西北，是现今八大处面积最大的一座寺庙，因山顶平坦，又叫"平坡寺"。始建于唐乾元初年（758年）；明洪武元年（1425年）重建，改名"大圆通寺"；清康熙十七年（1678年）两次重修，赐名"圣感寺"；乾隆十四年（1749年）再次重修，并扩建行宫，更名为"香界寺"，取香林法界之意。

香界寺规模宏大，共有五进院落，主要建筑有山门殿、钟鼓楼、天王殿、大雄宝殿、藏经楼和行宫等。天王殿后有两碑，左侧石碑是乾隆御制碑，碑文记载着寺庙所处山峦景色、主要建筑及历史。右侧石碑镌刻清圣祖康熙皇帝御书"敬佛"二字。

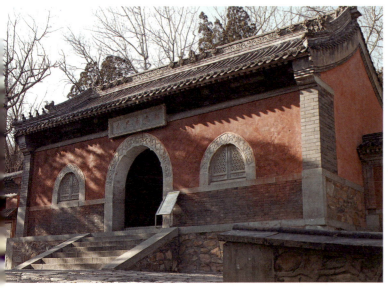

香界寺

"敬佛"碑

（7）第七处：宝珠洞

宝珠洞，位于香界寺西北500米。前有一座三柱三楼牌坊，外额"欢喜地"，内额"坚固林"，为乾隆皇帝手书。牌坊往西有正殿一座及两厢配殿。殿后是宽仅70厘米的夹道，通往宝珠洞。岩洞面阔、进深各两丈，洞内供奉清初京师名僧桂芳和尚的肉身像，又称"鬼王菩萨"。

宝珠洞牌坊

鬼王菩萨像

（8）第八处：证果寺

证果寺，俗称"秘魔崖"，位于四平台东北隅的卢师山中。始建于隋天寿年间（601-604年），原名"圣感寺"。唐代改称"感应寺"，明正统年间称"清凉寺"，景泰年间改名"镇海寺"，天启年间定名"证果寺"。

寺院为长方形院落，山门之上石额镌有"古刹证果寺"字样，为明英宗御笔。大雄宝殿居中，殿东为禅堂院，殿西有一座宝瓶形青石屏门，刻着"曲径通幽处，禅房花木深"。过此门，可到幽谷天成的"秘魔崖"，此处为一块从山顶伸出的巨大岩石，石上镌刻"天然幽谷"四字。旁侧有一洞，名"真武洞"，相传有卢师和尚在此修行，因其为民祈雨，御赐为"感应禅师"。

证果寺

3. 燃灯塔

燃灯塔，全名为"通州访圣教燃灯古佛舍利塔"，北京市文物保护单位，位于通州区通州城北大运河西岸。此塔为辽代建筑，清康熙十八年（1679年）因地震坍塌，康熙三十六年（1697年）重新修建。

通州燃灯塔高48米，围44米，为八角形十三级砖木结构密檐实心塔。须弥座有双束腰，每面均刻精美砖雕，下层束腰每面雕两条巨龙，上层束腰设三壶门，内镶人首鸟身砖雕，转角雕有上托千钧的力士。须弥座上为平座斗拱，仿木重翘单昂，拱眼壁间嵌花朵。其上为砖雕双层勾栏和三层仰莲花瓣。仰莲上承塔身，第一层正南面券洞有乳钉木门，内置神台，原供奉有燃灯古佛，东、西、北三面均为仿木红漆券假门，其余四斜面各雕一直棂假窗。全塔共有风铃2224枚。每角梁下各嵌一尊砖雕神像，拱眼之下还置三尊灰塑佛像。13层密檐，檐下施砖斗拱，檐子的椽飞用木质。每面檐顶的勾头滴水多为莲花纹，少有龙云纹。在第13层正南面中间有一块砖刻，雕"万古流芳"四字。塔顶有两层浮雕八角须弥座，上托三层覆瓣仰莲，再往上是巨大铜铸十三天，即相轮。相轮下部为镂空圆球，上部为三圈大圆环。

燃灯塔不仅建筑艺术高超且造型优美，与北京城西的天宁寺塔遥相呼应，是北京辽、金时期的重要建筑之一。

燃灯塔今貌

4.陶然亭慈悲庵

陶然亭慈悲庵,又称"观音庵",北京市文物保护单位,位于西城区太平街19号。始建于元代,历史上这里是文人墨客荟集赋咏之地,曾留下许多传诵一时的诗篇。庵内的陶然亭又是近代革命志士的秘密集合场所,有"国民革命的摇篮"之称。

慈悲庵总面积为2700平方米,建筑总面积800余平方米,主要建筑除陶然亭外,另有山门、观音殿、准提殿、文昌阁等建筑。山门东向。庙内西侧的三间敞轩即陶然亭,建于清康熙三十四年(1695年)。庵内现存古代文物有辽代石幢、金代石幢,"陶然亭吟"石刻、"陶然亭记"石刻、"陶然"匾额、"陶然亭小集"诗刻等。目前慈悲庵是一个文物展览馆,展出了陶然亭公园的一些石刻、墓碑、出土文物,还辟了两间屋子作为周恩来和李大钊的纪念室,展出有关少年中国学会等史料。

文昌阁(朱永杰摄)

陶然亭（朱永杰摄）

辽代经幢（朱永杰摄）

准提殿（朱永杰摄）

5. 上方山诸寺及云水洞

上方山诸寺及云水洞，北京市文物保护单位，位于房山区韩村河镇圣水峪村，以九洞十二峰的自然景观和七十二座茅庵闻名。隋唐时已有开辟，历代均有扩建，辽金时为鼎盛期，金末毁于兵火，元代恢复，现存寺院建筑主要为明、清时重建。

上方山诸寺以兜率寺为冠，主要有：接待庵，登山起点，为"七十二庵"的头一庵；云梯庵，建于半山，从山脚至庵门有262级石磴仿佛直入云霄，故名"云梯"，庵亦因此得名；兜率寺，又称上方寺，为全山最大寺院，始建于隋末唐初，明代重修，院内遗存有经幢、碑刻等，还留存有金朝的遗物；正殿后檐墙上镶有十五块刻有四十二章佛经的经版；塔院，位于兜率寺西，内有辽代石塔；望海庵，是现存庙宇位置最高的一座。

云水洞位于上方山南麓海拔500余米的云雾中，是华北地区最大的石灰岩溶洞。它纵深620米，高50余米，南北走向。洞内布满钟乳、石笋、石花，比比皆是怪状奇石，造像立佛，将佛教景观与固有的自然景观融为一体，与上方山地区历史延续下来的佛教文化相吻合。

兜率寺山门

6.白水寺石佛

白水寺石佛,北京市文物保护单位,位于房山区歇山冈半山腰。

白水寺又名"兴隆寺",俗称"大佛寺",始建年代不详,明代多次重修。今寺内仅存无梁殿及三尊石佛像。无梁殿坐北朝南,重檐庑殿顶,内为穹窿顶,砖石砌筑。殿内三尊石佛像分别为释迦牟尼、阿难、迦叶。石雕佛像线条清晰,衣纹流畅,造型古朴,是北京地区现存最大的元、明时期石佛像。

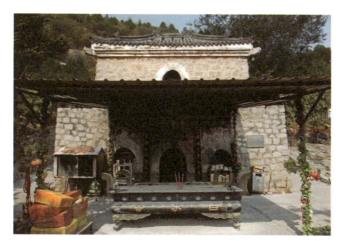
白水寺无梁殿

石佛像

7. 嵩祝寺及智珠寺

嵩祝寺及智珠寺，北京市文物保护单位，位于东城区嵩祝院北巷。嵩祝寺始建于清雍正十一年（1733年），为清代皇家寺院，乾隆三十七年（1772年）移建至今日位置，寺址原为明代"番经厂"和"汉经厂"。雍正十二年（1734年），法渊寺创建，乾隆二十六年（1761年）至乾隆三十九年（1774年）间，智珠寺建立，自此形成了三寺并列的盛况。20世纪50年代，嵩祝寺、智珠寺、法渊寺停止宗教活动。50年代末，嵩祝寺被北京市盲人橡胶厂占用为厂房。70年代，北京东风电视机厂将嵩祝寺的天王殿、钟鼓楼拆除，在原址上建立生产车间，将法渊寺建筑全部拆除，在原址上建立组装车间，后又占用智珠寺前殿及西配殿。自此，法渊寺无存，嵩祝寺及智珠寺长期被各种企业和单位占用。1995年，嵩祝寺获得修缮，共修复殿堂21座。2007–2012年，智珠寺进行大规模修缮。

嵩祝寺坐南朝北，其建筑分为三路，主要殿宇位于中路，共有五进大殿，依次为山门殿、天王殿、正殿、宝座殿、后楼。山门殿与天王殿皆面阔三间，硬山筒瓦调大脊。正殿面阔五间，硬山筒瓦调大脊，带廊子，匾额书"妙明宗镜"。宝座殿面阔五间，硬山筒瓦调大脊，前出抱厦三间，顶为悬山筒瓦箍头脊。后楼面阔七间，二层，重檐硬山筒瓦调大脊，匾额书"慧灯普照"。东路为寮房、配房、佛堂、经堂等，西路以喇嘛住宅为主。

智珠寺位于嵩祝寺以西，坐北朝南，现存建筑有：山门殿面阔三间，硬山筒瓦调大脊，门楣上石额曰"敕建智珠寺"。天王殿面阔三间，硬山筒瓦调大脊，带吻兽、垂兽，额枋饰以旋子彩画，三踩单昂斗栱，殿额"宝纲光音"。正殿面阔三间，进深三间，四周带廊，重檐攒尖顶，上为砖宝顶，五踩单昂斗栱，角梁悬铃，下檐柱带雀替，三踩单昂斗栱，旋子彩画。后殿（净身殿）面阔五间，歇山筒瓦调大脊，旋子彩画，五踩单昂单翘斗栱，角梁悬铃，内为井口天花，匾额书"现清净身"。

清末嵩祝寺山门

智珠寺重檐四方殿（李长林摄）

8. 隆安寺

隆安寺，北京市文物保护单位，位于东城区广渠门内白桥大街。该寺始建于明景泰五年（1454年），万历三十七年（1609年）重修佛殿后堂，清康熙四十七年（1708年）再次重修。1952年，该寺辟为"崇文区隆安寺小学"，后又易名"白桥南里小学"和"东花市少年之家"。1983年政府对隆安寺又进行修缮，1984年辟为"崇文区青少年科技馆"。

隆安寺整体布局较严整。前有歇山顶砖石仿木结构的山门，单拱券洞门上石额书"敕建隆安寺"。山门内左右有钟鼓楼（已毁）。主殿依次为天王殿、前殿、大雄宝殿和后殿——净土社。各大殿均为硬山绿琉璃瓦顶，气势雄伟，非一般寺庙可比。各大殿前均建有东西配殿。前殿后建有北向戏台一座，系为佛徒们为"千盘会"举行法事唱戏敬佛而设。寺内另有石碑四通，最早的为明景泰五年碑，记述创建隆安寺经过，其余几方均为历次重修碑记。寺内有古柏和楸树各两株。

山门（张斌摄）

前殿北侧的戏台（张斌摄）

9.护国寺金刚殿

护国寺金刚殿，北京市文物保护单位，位于西城区护国寺大院11号。

护国寺，始建于元至元二十三年（1286年），原名"崇国寺"，明宣德四年（1429年）赐名"大隆善寺"，正统四年改称"崇恩寺"，成化八年（1472年）改称"隆善护国寺"，成为明代皇家巨刹。清康熙六十一年（1721年）重修扩建，规模更加宏大。护国寺鼎盛时期共有九进殿堂，依次为山门、金刚殿、天王殿、延寿殿、崇寿殿、千佛殿、护法殿、功课殿、菩萨楼，另有喇嘛塔两座。清代后期，隆福寺逐渐走向衰落。到了20世纪三四十年代，殿堂坍塌，仅存金刚殿。

金刚殿，也称"弥勒殿"，是原护国寺第二进建筑，面阔五间，分前后两层。前层供奉弥勒佛，两旁为金刚像；后层两旁各有一个空屋，据说为守殿者住处。大殿正面皆壶门式，外侧梁枋，在梢间和山面大额枋下，复施小额枋一层，与殿门同一制度，是典型的明代建筑法式。

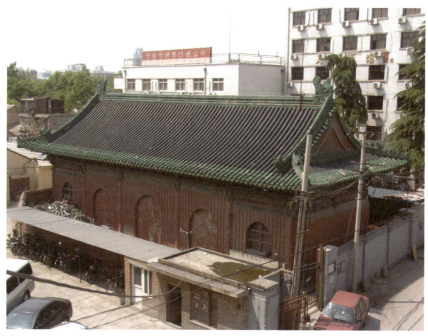

金刚殿（张斌摄）

10. 广化寺

广化寺,北京市文物保护单位,位于西城区什刹海北鸦儿胡同31号。该寺始建于元代,明天顺七年(1463年)重建,明万历年间(1573–1620年)、清咸丰十二年(1862年)、光绪二十年(1894年)重建。该寺在明代为净土宗庙,清道光年间(1821–1850年)改为子孙剃度庙。宣统元年(1909年)由清学部主持在广化寺筹建京师图书馆(北京图书馆前身),1917年京师图书馆迁至方家胡同国子监南学。1921年广化寺对外开放。1927年,北平的南、北两个佛教教会合并,设会址于广化寺。1939年在寺内创办广化寺佛学院,1946年建广化小学,1982年北京市佛教协会成立并将会址设在此寺,1985年寺内成立北京佛教乐团,现为北京市佛教协会和北京佛教音乐团办公活动场所。

广化寺整体院落保存完好,分中、东、西三路。中路正中依次分布着山门殿、天王殿、大雄宝殿、藏经阁等主要建筑。山门殿匾额书"敕赐广化寺"五个大字。藏经阁位于寺院后部,是一个两层罩楼,阁内藏有珍贵的明清两种刻本《大藏经》七部。东路由戒坛、斋堂、学戒堂等建筑组成。西路主体建筑有大悲堂、祖堂、法堂、方丈院等。寺内有石碑四通,另保存一批藏经、佛画、名人字画等珍贵文物。

山门(老照片,引自《旧京史照》)

天王殿（张培力摄）

玉佛宝殿（张培力摄）

11. 十方诸佛宝塔

十方诸佛宝塔，北京市文物保护单位，位于朝阳区王四营乡马房寺村东北角。塔前原有延寿寺，故俗称"延寿寺塔"。寺、塔均建于明嘉靖年间（1522–1566年），由明代翠峰禅师修造。延寿寺于清末被八国联军焚毁，十方诸佛宝塔于民国年间重修，1959年塔门有些砖被拆除，其他保存尚好，1989年朝阳区人民政府拨款再次重修。

十方诸佛宝塔坐北朝南，塔高25.18米，塔座高3.2米，塔周长约24.9米，拱券形门洞，洞高1.78米，塔心呈圆锥形，门洞外的正上方刻有"十方诸佛宝塔"石匾，九层檐，中空，直通第八级。

十方诸佛宝塔

12. 红螺寺

红螺寺，北京市文物保护单位，位于怀柔区北红螺山南麓。该寺始建于唐代，原名"大明寺"，唐代扩建重修，明正统年间（1436–1449年）改称"护国资福禅寺"，俗称"红螺寺"。该寺与著名的南海普陀寺相齐名，被誉为"京北第一名刹"，有"南有金山普陀，北有古寺红螺"的俗语。

红螺寺坐北朝南，分中、东、西三路五进院落。寺内主要建筑有山门、天王殿、大雄宝殿、南北配殿、诵经房、后殿等。其中，山门南向，为无梁式建筑，青砖仿木结构，歇山顶。天王殿面阔五间，硬山调大脊灰筒瓦，旋子彩画。大雄宝殿为正殿，面阔五间，歇山顶，重翘五踩，建筑在石砌台基上，四周有走廊，前出月台。后为排堂，面阔五间，硬山调大脊筒瓦。寺院东西两侧各有跨院，东跨院有房舍若干，为寺院生活区，西跨院有房屋若干，为僧人居住宅院。寺院西墙外有塔院。

红螺寺北依红螺山，南照红螺湖，寺内佳木蓊郁古树参天，"御竹林""雌雄银杏""紫藤寄松"等美景点缀古寺内外，可谓人文景观与自然景观完美融合。

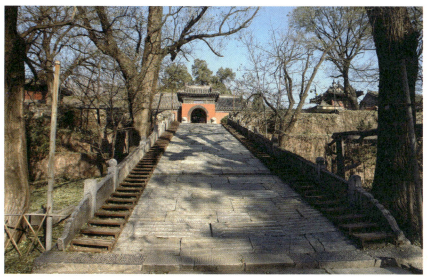

山门（孙明进摄）

大雄宝殿（孙明进摄）

千手观音殿（孙明进摄）

13. 定慧寺

定慧寺，北京市文物保护单位，位于海淀区阜成路66号。该寺始建于明宣德十二年（1437年），初名善法寺，后改名"云慧寺"，康熙四十一年（1702年）赐名"定慧寺"，后多次重修。该寺在明清两代属京西名刹。

定慧寺坐北朝南，明代建筑形式，呈四合院式布局，现存有山门殿、天王殿、钟鼓楼、大雄宝殿和东西配殿等。并存有碑石五座，其中明代碑三座，清代碑2座。寺内松柏多株，以松抱槐和皂角树独具特色。1984年在大殿后出土明代铜质布袋僧两尊，为明代佛像的珍品，同年在四季青乡南辛庄村发现了一块"定慧寺开山第一碑"。

山门殿（叶盛东摄）

大雄宝殿（叶盛东摄）

14. 和平寺

和平寺，北京市文物保护单位，位于昌平区南口镇花塔村。该寺始建于唐贞观年间（627–649年），由唐初名将尉迟恭监建，因唐太宗李世民御笔亲书"敕建和平寺"而得名。相传此处在晋代就有一座小寺庙，故当地流传"先有和平寺，后有潭柘寺"的俗谚。和平寺自古为京北大寺，在宋、元、明、清时均有修葺。

和平寺坐北朝南，建筑规模宏伟，分东西两组院落。东院主体建筑有天王殿、弥陀殿、大雄宝殿、观音殿，东西配殿、藏经殿、地藏殿等。大雄宝殿面阔三间，前廊后厦。西院有配殿一间及配房三间。寺内珍贵的文物还有古钟、碑刻、壁画等，现存古树名木很多，尤以雌雄银杏、古白皮松、古柏、古楸树等著名。

大雄宝殿

15. 灵严寺大殿

灵严寺大殿，北京市文物保护单位，位于门头沟区清水镇齐家庄村。灵严寺始建于唐武德年间（618-626年），元至正年间（1335-1340年）重建，明成化二十二年（1486年）、嘉靖六年（1527年）重修。寺坐北朝南，原有山门、钟鼓楼、太子殿、伽蓝祖师堂、大雄宝殿等建筑，抗日战争期间被日军焚毁，现仅存大雄宝殿。

灵严寺大雄宝殿面阔三间，现存梁架为元代遗物。殿内采用减柱法，檐下斗拱硕大有力，脊檩施用叉手，柱头有卷刹，充分体现了元代建筑手法。1997年重新修缮，恢复元代悬山式屋顶。灵严寺大殿是北京地区罕见的元代木结构建筑。

灵严寺大殿

独特的梁架彩绘

16.玉皇塔

玉皇塔，北京市文物保护单位，位于房山区南尚乐乡高庄村。因塔内原供有玉皇大帝像，故名"玉皇塔"。该塔始建于辽代，南向，为八角七级密檐式砖塔，通高15米。塔基为八角须弥座，装饰砖雕人物故事、动物图像等。塔的中心有八角柱，塔身正面设券门可以入塔。东、西、北面设砖雕假门，其余四面设砖雕假窗。塔檐各角梁均悬铜铃。八角攒尖塔刹，八条脊尽头有垂兽套兽。

玉皇塔

17. 照塔

照塔，北京市文物保护单位，位于房山区南尚乐乡塔照村东。该塔始建于辽代，南向，为八角七级密檐式砖塔，通高15米。塔形秀丽，塔基为须弥座，高3米。塔身正面设券门，其他各面设假门和假窗。塔身之上为仿木砖刻额枋檐椽和砖制的一斗三升斗拱。上边是七级叠涩檐，塔尖为攒尖宝刹，第一层檐下斗拱为单抄四铺作，转角铺作的列拱非常逼真。

《房山县志·卷三》载：照村东北有山，名金粟山，山顶有塔，人名其村曰"塔照村"，名其山曰"塔山"。南临拒马，北接黄龙，此山挺然独秀，塔则高踞其巅，遂为一方之望。

照塔

18.周吉祥塔

周吉祥塔,北京市文物保护单位,位于房山区上方山下孤山口村。始建于明弘治年间(1488-1505年),面向南,砖石结构,八角七级密檐式,通高约18米。塔基由汉白玉石砌垒,高1米,须弥座塔基束腰间砖雕花卉、人物故事等。塔身八角形,每角有砖砌圆柱。塔上部的各层檐,均采用正反叠涩做法,每层檐的角梁垂挂方形铜铃。

周吉祥,又名周云端,曾任大觉寺住持,其姊为大明周太后。此塔为衣冠塔,其墓塔位于海淀区北安河乡大觉寺南山坡上,称"周云端和尚灵塔"。

周吉祥塔远眺

周吉祥塔

19.应公长老寿塔

应公长老寿塔，北京市文物保护单位，位于房山区岳各庄乡天开村北，俗称"和尚塔"。该塔始建于元大德五年（1301年），六角形五级密檐式砖塔，南向，通高12米。须弥座上砌三层莲花，柱形塔身正面开拱门，门楣上端嵌铭文"应公长老寿塔"，正面设假门，其他面置假窗。塔身以上为五级密檐，各层檐下均有仿木结构的砖制斗拱。

应公俗姓赵，名谱应，为辽代天开寺的首任住持，是至元年间重修天开寺的一代高僧，应公长老寿塔为应公埋骨之处。

应公长老寿塔

20. 白龙潭龙泉寺

白龙潭龙泉寺，北京市文物保护单位，位于密云县龙潭山下。该寺建于元至元二十四年（1288年），明、清两代多次修缮。

龙泉寺坐西朝东，四合院式布局，两进院落，主要建筑有山门、天王殿、大佛殿、禅堂、碑亭等。其中，天王殿也称仪门殿，殿内有四大天王泥塑彩绘像。正殿大佛殿面阔三间，殿内供奉三尊铜铸鎏金三世佛坐像，两旁高台上施泥塑彩绘十八罗汉像。正殿前有月台，两侧各有两间禅堂，在北禅堂东西两边各有一座青砖砌筑的碑亭，亭内有戚继光碑、李鸿章碑、袁世凯碑及当地进士碑等。

龙泉寺往上走有五龙祠，祠前有碑坊，上书"石林水府"。左右有清乾隆、嘉庆皇帝的祈雨石碑，白龙潭大坝石壁上书康有为墨宝"飞胜境则龙潭"。每年农历三月初三，白龙潭将举行庙会，庙会的主题是"祭龙"和"祈福"，佛、道两教均参与祈福活动，这在全国罕见。

大佛殿与古柏（朱永杰摄）

乾隆御笔《龙泉寺瞻礼二十韵碑》
（朱永杰摄）

21. 铁瓦寺

铁瓦寺，北京市文物保护单位，位于房山区河北镇政府院内，因殿顶铺满铁瓦而得名。该寺建于明正德年间（1505–1521年），清康熙十八年（1679）因地震破坏严重，后由当地乡绅合力修复。

铁瓦寺坐北朝南，主要建筑有山门、铁瓦殿、配殿等。山门楣上嵌有匾额，楷书"铁瓦禅林"四字。进山门，两旁各建配殿两间，均为单檐、清水脊。正殿铁瓦殿俯视平面为圆形，高6米，直径5.8米。殿表白灰墙身上粉刷铁红色，发券的门窗，与大殿的圆柱形非常和谐。殿顶采用攒尖做法，六条脊自上朝六个方向垂下，把顶分成六个扇面。顶上满铺铁瓦，共计458块，每块瓦长0.31米，直径0.13米，瓦表多有铸字，如"菩萨顶正德十年(1515年)造""五台山菩萨顶铁瓦寺"，殿尖有宝珠收拢。铁瓦殿脊和刹也是铁制，用铁约3000公斤。此殿造型奇特，是房山佛教建筑的一处奇观，以铁瓦建造的殿宇，在北京地区也极为罕见，因此弥足珍贵。寺中还有棵四人合围、高过四十米的古银杏树，素有"铁瓦宝树，银杏之祖"的美誉，寺院内古柏苍翠，寺后清泉汩汩流淌，环境清幽，别有一番景致。

铁瓦殿

古银杏树

22.双林寺

双林寺,北京市文物保护单位,位于门头沟区清水镇上清水村西北一公里处。背依阳台山,东临清水河,系百花山瑞云寺之下院。辽代称"清水院",元、明曾重修,后毁于战火。寺内原有辽代经幢,建于辽统和十年(992年),高4米,由14层石雕构件叠砌而成,为研究辽代玉河县提供了珍贵资料,现为门头沟区博物馆收藏。双林寺现仅存两座配殿,各35米见方,面阔一间,悬山调大脊,砖雕鸱吻。东配殿为明代所建,梁枋间绘有旋子彩画。西配殿梁架置一斗二升斗拱,梁架使用叉手,是北京罕见的元代木结构建筑,在北京古建史上占有一席之地。

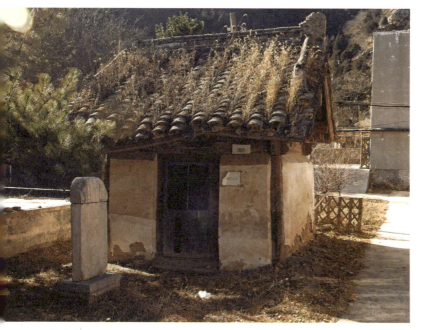

元代所建西配殿

辽代经幢(张帆翻拍于门头沟博物馆)

23.长椿寺

长椿寺,北京市文物保护单位,位于西城区长椿街9号,现为北京宣南文化博物馆馆址。该寺始建于明万历二十年(1592年),乃奉明神宗圣母孝定李太后的旨意所建,以供养水斋禅师用,因受皇家庇护,一度为"京师首刹"。清康熙十八年(1679年),该建筑在地震中受损,康熙二十年(1681年)重修,乾隆二十年(1755年)再次重修,此后屡有修缮。中华人民共和国成立后,长椿寺改作他用。2005年该寺被辟为北京宣南文化博物馆,对外开放。

长椿寺坐西朝东,现存山门、天王殿、大雄宝殿、藏经阁,山门额曰"敕建长椿寺"。该寺原有三件镇寺之宝:第一件为渗金多宝佛塔,一丈五尺高,原为五层,佛塔周身用熔化后的金液渗透,周围有四百多尊佛像,各层塔尾均有小铃,民国二十五年(1936年)添建为六层。该塔原存长椿寺藏经阁内,1949年后迁至海淀区万寿寺,其基座仍存藏经阁一层。第二件为孝定李太后"九莲菩萨"像以及崇祯帝之母孝纯刘太后御容像,其中"九莲菩萨"像遗失于清光绪年间,孝纯刘太后御容像遗失于"文化大革命"时期。第三件是明万历年间工部郎中、书法家米万钟所撰《敕建大祚长椿寺赐紫衣水斋禅师传》石碑一座,今存大雄宝殿外。

大雄宝殿,右侧为《敕建大祚长椿寺赐紫衣水斋禅师传》石碑(朱永杰摄)

24. 三圣庵

三圣庵,北京市文物保护单位,位于西城区陶然亭北里黑窑长街14号,为清代建筑,清代称"三圣庙街",光绪年间《顺天府志》中有记录。

三圣庵坐东朝西,现存建筑群的中轴线在偏北侧,共三进院落,整体建筑保存较好。山门面阔三间,绿琉璃瓦歇山顶,正间为雕花石券门。山门两侧各有一间角门,均为硬山顶,黄琉璃瓦绿剪边。大殿面阔三间,七檩前出廊,硬山顶,南北配殿位于两侧。主殿为面阔三间的二层楼房,七檩前出廊硬山顶,有东西配殿各三间。后罩房现存七间。南院原为停棺之房,现存南房十四间,东房两间,每两间设隔墙。

山门(朱永杰摄)

25. 白瀑寺

白瀑寺，北京市文物保护单位，位于门头沟区田庄乡淤白村北金城山下。该寺始建于辽乾统年间（1101-1110年），初名"白瀑院"，后改名"白瀑寿峰禅寺"，金、元、明曾多次重修。该寺坐北朝南，残存正殿三间，左右配殿各三间。东侧的龙王殿内原供奉着龙王像、关帝像和娘娘像。东配殿窗下有一通明代《金城山白瀑寿峰禅寺创建大悲千佛记碑》，寺西不远处即保存完整的正公塔，供奉白瀑寺创建者高僧圆正法师舍利。

正公塔建于金皇统六年（1146年），是一座六角形三层密檐覆钵实心砖塔。总高15米，自下而上结构为塔座、塔身、塔檐、覆钵塔顶、塔刹。塔座为束腰六角形，高2.5米，腰围砖雕仰莲一周，上承塔身，塔身上部每面雕出如意头4个。塔身之上接三层密檐，密檐之上为塔顶。此塔形制颇具特色，是佛塔由密檐式向覆钵式演变的例证，为国内所少见，极其珍贵。

大雄宝殿

白瀑寺正公塔

26. 无碍禅师塔

无碍禅师塔，北京市文物保护单位，位于大兴区于垡乡里河村。该塔始建于元至元九年（1272年），原有古刹灵言寺。塔南向，六面形实心，密檐六层，全部以砖仿木构建，残高约十米。塔座须弥束腰，上仰置莲花瓣，座周雕刻佛像。塔身正面刻棱格门窗，上部嵌石刻塔铭。塔上部重檐，每层檐下出斗拱三攒，顶为莲花瓣，上置石质葫芦形塔刹，1976年受到唐山地震波及，塔刹被震落。今此塔基本保留原貌，造型和谐大方，刻工简练生动，是研究金元时期建筑的可贵实物资料。

无碍禅师塔

27. 拈花寺

拈花寺，北京市文物保护单位，位于西城区大石桥胡同61号。该寺始建于明万历九年（1581年），由司礼监太监冯保奉孝定太后之命创建，因在寺内千佛阁内供奉铜制"毗卢世尊莲花宝千佛"，故名"护国报恩千佛寺"。清雍正十二年（1734年）重修，赐名"拈花寺"。1920年，在此开设佛学研究所，1926年，在律堂开办拈花寺小学，寺庙还经营停灵暂厝、承办丧事等业务。1949年后，拈花寺破败，被诸多工厂、民宅占用。目前腾退过程尚在缓慢进行中。

拈花寺坐北朝南，分中、东、西三路。中路建筑依次为影壁、山门、天王殿、大雄宝殿、伽蓝殿、藏经楼。影壁为石砌，长24.5米，厚1米。山门面阔三间，歇山顶筒瓦屋面，檐下有斗拱，石券门额上书"敕建拈花寺"。八字影壁在山门两侧，山门内左右有钟楼、鼓楼（已拆除）。天王殿面阔三间，大雄宝殿面阔五间（已拆除），殿前有月台，台下立万历九年《新建护国报恩千佛寺碑记》碑《新建护国报恩千佛寺宝像记碑》以及雍正十二年《御制拈花寺碑》，现移至北京石刻艺术博物馆。东西配殿尚存五间，伽蓝殿五间，东西庑房共十六间。藏经楼五间，两侧为过垄脊灰筒瓦短廊，东西配楼各三间。东路建筑有六层殿：一层殿三间，二层殿五间，三层殿九间，坎墙内镶石刻。四层殿五间，五层殿五间，两侧有厢房。六层殿五间，两侧厢房各五间，东厢房两次间的后山墙上镶有石刻。西路建筑有四层殿：一层殿三间，有垂花门一座。二层殿五间，三层殿五间，四层祖堂十七间，为"凹"型建筑，堂前原有四角攒尖方亭名"素心亭"（已拆除）。

山门（张培力摄）

28. 普照寺

普照寺，北京市文物保护单位，位于海淀区苏家坨镇徐各庄村西北，南距大觉寺约500米。该寺始建于明天顺五年（1461年），明弘治六年（1493年）、清顺治十三年（1656年）重修。

普照寺坐西朝东，四合院式布局，分为南北两院。南院为正院，山门拾级而上，额曰"普照禅林"。正门两侧各有一偏门，院内正殿面阔三间，硬山调大脊，正殿明间后檐墙处增建有神龛。正殿两侧出耳房，院南北各有配殿三间。院中有明代所植银杏树一株。北跨院有僧房十六间，以回廊相连。五间东房出后厦三间，卷棚顶，苏式彩绘，曾为寺中戏台。寺前建有水池，由龙口注入清泉。池东原有大门，因1970年修筑铁路而拆除，门前照壁尚存。

山门

29. 福生寺

福生寺，北京市文物保护单位，位于丰台区长辛店镇张郭庄村。该寺建于明代，历史上经数次浩劫，主体建筑保存较为完整。

福生寺坐北朝南，整个寺庙由山门三间、前殿三间、后殿五间、东西配殿各三间组成。寺院建筑为砖仿木结构，各大殿以大硬山、元宝顶、箍头脊和筒瓦等基本风格为总体特征。山门前额题有"福生寺"三字，前殿和后殿均有五檩前出廊。"文化大革命"期间，很多文物等都被人为毁坏。自2008年起政府多次对三进院后殿、三进院东西配殿的大木架、屋面、墙体等进行维修，以使寺院结构更加完善。

配殿（张妙弟摄）

后殿（张妙弟摄）

30.显应寺

显应寺，北京市文物保护单位，位于石景山区西黄村。该寺始建于明天顺初年（1457年），其开山始祖吕牛据传曾救过明英宗朱祁镇，英宗复辟后诏封吕牛为"皇姑"，故俗称"皇姑寺"，又赐额"顺天保明寺"。清康熙时毁于大火，康熙五十年（1711年）重修，改称"显应寺"。

现存显应寺为康熙重修时的规模。寺庙坐北朝南，山门、天王殿已无存。第二进院落观音殿、第三进院落老祖殿尚存，老祖殿前有康熙年间重修显应寺碑，以纪其事。第四进院落为药师阁。

每年农历四月初一到十五是显应寺庙会时间，初一开山门，初八是"佛诞日"，即释迦牟尼诞生的日子，初一到初八是皇姑寺庙会最热闹的时间，香客很多，加上逛庙会的、卖吃食的，每天庙会上近万人。初九以后，庙会上人流逐渐减少，四月十五关山门。香客大多来自"京东八县"，一般指通县、三河、香河、武清、宝坻、蓟县、宁河等地。

观音殿

药师阁

31. 灵照寺

灵照寺,北京市文物保护单位,位于延庆县妫水湖北岸湖北西路7号。该寺初建于金代,元末被焚毁,明永乐十二年(1414年)在原址重建,正统五年(1440年)明英宗敕赐匾额"灵照寺",后又不断扩建。

灵照寺坐北朝南,共二进院落,三层殿宇,山门殿、天王殿、大雄宝殿建在半轴线上,两侧配殿有观音殿、地藏殿、镇寺宝幢屋、聊房。1997年延庆县对灵照寺进行了抢救修缮,1999年竣工,寺内增加了碑林、经幢等石刻文物,增加了钟鼓楼、斋堂等新建筑,另在两侧配殿设有民俗展览厅,展出六百余件民俗实物和照片,介绍了历史悠久的妫川先辈们创建的建绚丽多姿的民俗文化。

山门(朱永杰摄)

三 区县文物保护单位

1. 通教寺

通教寺，比丘尼佛寺，北京市东城区区级文物保护单位，位于东城区针线胡同19号。该寺建于明代，清代改为尼寺，名"通教禅林"，1942年扩建，定名"通教寺"。"文化大革命"期间，该寺一度改为北新桥派出所。1981年年初，政府拨款重修。

通教寺山门三间，寺院西端为大雄宝殿，东向，绿琉璃瓦屋面，大式硬山三卷勾连搭顶，殿前为三间歇山卷棚抱厦，殿内有《善财童子五十三参画像》。南北二楼两层共四十间，北楼后有清泰寮三间。南北配殿中有伽蓝殿、五观堂（食堂）、念佛堂、祖师殿等。寺内还有碑刻两块，珍藏日本《大正藏》一部。

山门

2.恩佑寺

恩佑寺,北京市海淀区区级文物保护单位,位于海淀区北京大学西校门外,建于清雍正元年(1723年)。原为清初畅春园内的清溪书屋,康熙皇帝常宴寝于此,后死在这里,雍正皇帝为给康熙荐福,将书屋改为恩佑寺。

该寺坐西朝东,原有正殿五楹,内奉三世佛像,现仅存山门,歇山式无梁结构,黄琉璃瓦顶,石券门,券面上饰有缠枝牡丹纹,门额书"敬建恩佑寺",是畅春园为数不多的遗迹之一。

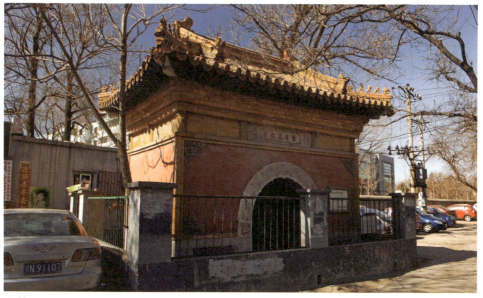

山门

3. 恩慕寺

恩慕寺，北京市海淀区区级文物保护单位，位于海淀区北京大学西校门外，建于清乾隆四十二年（1777年）。乾隆时期，皇太后长期居住于畅春园，后于乾隆四十二年病逝，乾隆皇帝"昭承家法"以寄托哀思，在恩佑寺旁建恩慕寺。该寺布局限制与恩佑寺相同。

初建成的恩慕寺布局严谨，坐西朝东，两进院落。山门内正殿五楹供奉药师佛1尊，左右奉药师佛108尊，南配殿三楹供奉弥勒佛，北配殿三楹供奉观音像，左右分立石幢。现恩慕寺尚存山门一座，为歇山式砖石结构，无木无钉，黄色琉璃瓦顶，象征皇权的至高无上。石拱券门，券面刻有缠枝花纹，以寓富贵仙门。门额处镶嵌"敬建恩慕寺"，石匾四围刻有仰莲纹饰，十分精美。山门四角处皆有琉璃纹饰，设计精严，烧工细腻。

山门

并列的恩佑寺与恩慕寺山门

4. 天开塔

天开塔，北京市房山区区级文物保护单位，位于房山区韩村河镇天开村中的天开寺中。天开寺始建于东汉，辽代时最为兴盛，毁于金末战乱，元代至元年间全面恢复，扩大了旧有规模。明末以后，天开寺开始衰落，寺庙建筑无存。2005年至2010年，由私人斥巨资重建，形成今日规模。

天开塔位于天开寺中，原塔已于20世纪损毁，现存天开塔为近年重修。原天开塔始建于辽代，塔南向，八角三层楼阁式，须弥座的束腰间砖雕龙凤等，各层四面开拱门，四面直棱假窗，檐饰以斗拱，塔内有中心柱，沿中心柱有回廊。三层之间有爬梯相接，平顶。通高17米。塔下有地宫，穹隆形，壁上镶有砖雕图案，还绘有唐代风格的彩画，曾出土应化舍利。

天开塔

5.静安寺

静安寺,北京市通州区区级文物保护单位,位于通州区静安寺胡同12号。该寺建于金大定年间(1161-1189年),是通州早期寺庙。寺院坐北朝南,二进院,占地1300余平方米。主要建筑有:山门三间,中有通道,硬山合瓦,箍头脊,大式做法,墀头浮雕雄狮;后殿五间,硬山筒瓦箍头脊;东西配殿各三间。山门以西天井处立明代汉白玉螭首龟趺碑记一通,记载了万历年间重修此寺经过,后院原有金代白玉经幢顶、座各一件,"文化大革命"时期失踪。

正殿(张斌摄)

《万历年间重修静安寺碑》(张斌摄)

6. 凤翔寺

凤翔寺,北京市怀柔区区级文物保护单位,位于怀柔区杨宋镇仙台村内。该寺始建于唐代,原名"仙圣传院",金代改称"凤翔寺"。

凤翔寺原有七进殿宇,现仅存一座正殿,面阔三间,耳房各两间,东西配房各三间。在正殿左前方,立有龟首方座重修凤翔寺石碑一块,碑宽2尺,高6尺许,刻有"大清嘉庆岁次戊寅"立碑年号。寺内还存有明代万历年间铁钟一口,高约6尺,上刻"皇图永固,帝道遐昌,佛日增辉,法轮常转"大字,并刻有"大明万历元年十二月吉日造"文字。中山门内,立有辽代汉白玉经幢一对,刻满经文。其中一幢刻有"尊胜秘密咒",旁刻"大辽太平二年(1202年)三月立"字样。院内东南角有水井一口,名"仙人井",井筒倾斜。

另值得一提的是寺内古树颇多,现存古柏两株,古榆三棵,古椿两棵,还有一古槐,虽已岁久中空,可依旧枝叶荫覆。

维修中的大殿与古柏(张妙弟摄)

明万历年铁钟
(张妙弟摄)

7. 冶仙塔

冶仙塔，北京市密云县县级文物保护单位，位于密云县东北部檀营乡。此塔始建于辽重熙八年（1039年），是闻名京城的密云外八景之一，相传高僧季小唐在塔内修炼之时，夜晚塔顶处常有串串红灯照耀，故得名"冶塔仙灯"。"文化大革命"期间，冶仙塔被人为炸毁，为了重现历史名景，密云县从2000年起开始筹划重修。复修后的冶仙塔保持了原有的辽代风格。

该塔为三滴水密檐砖塔，平面六角形，通高17.765米，塔基用花岗岩条石砌筑，四周砌灰砖花墙，北有14级条石踏跺为观塔通道。塔座为砖雕须弥莲花座。第一、第三层塔身其中3面各砖雕砌一塔门，呈壁龛状，其他三面浮雕破子棂砖窗。塔檐均为灰筒、板瓦阴阳合瓦。塔顶六角攒尖脊。塔下安装了彩色射灯，每当夜幕降临，人们在很远的地方就可以看到流光溢彩的冶仙塔。塔南侧有普照寺一座。

冶仙塔（朱永杰摄）

第三章
北京的清真寺

伊斯兰教自宋、辽时期传入北京地区。北京最古老的清真寺是牛街礼拜寺，据《古教西来历代建寺源流碑文总序略》记载该寺始建于宋代。刘敦桢教授曾论断："牛街礼拜殿的后窑殿藻井彩绘，系出自北宋年间建筑画家，可作该寺始建年代的佐证，也是伊斯兰教传入之时。"

从历史文献记载来看，伊斯兰教在北京地区的大规模发展时期是元朝。据《秋涧先生大全集》记载："为在都（即元大都）回回人户，自壬子年元籍，并中统四年（1259年）续抄，计两千九百五十三户。" 如按每户五人计则达一万五千人，约占元大都总人口的十分之一以上，据考当时已有清真寺三十五座。这一记载从一个侧面反映出伊斯兰教在元大都发展的状况与地位。进入明朝时期，永乐帝大举营建新的北京城，致使元代修建的清真寺所剩无几。由于明朝廷对"保国有功的回回"始终以"敬礼勋臣"相待，而北京的伊斯兰教尤得近水楼台之便，不但新修建了许多清真寺，而且有的清真寺还是敕建的。北京地区许多古老的清真寺，大部分是明朝时期修建的。明朝灭亡以后，由满洲权贵建立的清朝廷在清初对伊斯兰教采取了"恩威并施"的政策，伊斯兰教在清朝廷高压政策的统治下，开始由北京的内城向外城和近郊地区拓展。随着穆斯林居住地区的扩展，北京地区的清真寺顿时成倍地增加起来。民国期间北京地区的伊斯兰教发展非常缓慢，在近四十年的时间里仅新建鼓楼、天桥和米市三座清真寺，同时期在牛街寿刘胡同兴建了北京地区第一座清真女寺。

北京现存的清真寺约有七十余座，其中全国重点文物保护单位一处，北京市文物保护单位两处。清真寺不但是伊斯兰教发展的物证，也是伊斯兰教文化的载体，北京每一座清真寺都有着丰富的文化内涵。正如有学者所说，清真寺是"深嵌在时代文化框架之中，包含着有关穆斯林民族深刻历史与宗教哲学意境的一种宗教艺术"。北京清真寺文化是中阿文化互相交流与融合的产物，是各族穆斯林辛勤劳动和智慧的结晶。

北京清真寺多为外中内阿合璧式的建筑。北京大多数清真寺整体建筑布局对称严谨，有明显中轴线，琉璃瓦覆盖、巍峨富丽、具有中国皇家建筑的气派。从建筑形制看，庭院数进，宽敞明亮。大门、礼拜大殿、主要配殿、邦克楼和碑亭都是大木起脊，用斗拱飞檐的中国传统的宫殿式建筑，有的清真寺大门外还建有中国式的影壁。北京清真寺建筑群的布局形式灵活多变，礼拜大殿和窑殿均坐西朝东，与中国传统建筑坐北朝南的建制截然不同，其影壁上的装饰也与中国传统图案不同，仍然保留着伊斯兰教特有的风格。清真寺礼拜大殿内没有任何偶像，也不以动物形象作装饰，多以阿拉伯文经文、几何图案和花草为饰，将精细的阿拉伯装饰艺术风格与中国传统建筑装饰手法融会贯通，并且突出了伊斯兰教的宗教内涵，形成了独具中国特色的北京清真寺文化。

一 全国重点文物保护单位

牛街礼拜寺

牛街礼拜寺，全国重点文物保护单位，位于西城区广安门内牛街。该清真寺始建于辽统和十四年，即北宋至道二年（996年），明宣德二年（1427年）翻修扩建，正统七年（1442年）增修对厅，成化十年（1474年）奉敕赐名"礼拜寺"，后于清康熙十五年（1676年）、康熙三十四年（1695年）、民国十年（1921年）三次修缮扩建，形成今日规模。

牛街礼拜寺前有照壁。望月楼是礼拜寺的正门，为六角形亭式楼阁建筑，亭顶覆以上黄下绿的琉璃瓦，上有蓝底金字的"牛街礼拜寺"匾额。望月楼前有一彩绘木牌坊和汉白玉石桥，蓝底金字"达天俊路"匾额悬挂在牌楼中部。沿望月楼南侧便门甬道东行，首先是南院的涤滤处（沐浴室），穿过走廊进入北院可看到礼拜寺中心建筑礼拜大殿。大殿为四顶三面的勾连搭式建筑，南北五楹、东西三进七层四十二间，总面积600平方米，可容纳千人礼拜。正门上悬挂"清真古教"匾额一方，殿内20棵明柱组成21道拱门，明柱上绘有牡丹缠蔓的花卉图案。窑殿位于礼拜大殿最前方，六角攒尖亭顶，内部藻井彩绘装饰为宋式图案，是寺内现存珍贵的宋代文物。大殿前的南北碑亭皆为明代所建，亭内各有石碑一通，南碑亭内石碑上是用中阿两国文字书写的《敕赐礼拜寺碑记》，北碑亭内石碑上为中文雕刻的《敕赐礼拜寺重修碑记》。礼拜寺大殿正东为邦克楼，始建于宋熙宁年间（1068-1077年），明弘治九年（1496年）重建，是一座重檐歇山方亭建筑，门楣上的砖雕十分精美，具有典型的阿拉伯建筑特色。大殿两侧为南北讲堂，北讲堂是阿訇室和讲学室，南讲堂现为本寺管委会办公室。东大厅在邦克楼东，又称"对厅"，建于明正统七年（1442年），现为本寺经书文物陈列室。在牛街礼拜寺东北跨院的殿堂，是专供女穆斯林礼拜的场所。

牛街礼拜寺是北京历史最悠久、规模最宏伟的清真古寺，是北京伊斯兰教全部发展史的唯一物证。

▶ 大殿内阿訇处理教民事务

邦克楼

望月楼

涤虑处（朱永杰摄）

二 北京市文物保护单位

1. 东四清真寺

东四清真寺，北京市文物保护单位，位于东城区东四南大街13号，与北京牛街礼拜寺、锦什坊街普寿寺、安内二条法明寺并称为明代京城"四大官寺"。该清真寺建于明正统十二年（1447年），新中国成立后曾于1952年、1974年、1987年、1991年四次拨款修缮，现为北京市伊斯兰教协会所在地。

东西清真寺坐西朝东，共三进院落，为典型的中国宫殿式建筑结构。寺门面阔三间，两侧有"清真古教"四个大字，门内有影壁。寺内前院中间是砖铺的甬道，南北为两排砖砌的西式厢房，南面为阿訇室，北面为水房即沐浴室。前院和第二进院落由南北过厅相连，过厅为二门五间砖房、带前后廊，廊檐下各开五个圆拱砖券门，过厅南北两侧为经书室和穆斯林用品服务部。第二进院落面积最小，北面有三间房屋，院内原有邦克楼，后被毁改为垂花门，近年重新复建。第三进院落宽广开敞，正面为院内主体建筑礼拜大殿，东、西、北三面游廊把大殿左右两边的南北讲堂、阿訇住室、外宾接待室、北京市伊斯兰教协会办公室、藏经室和小沐浴室连接在一起。礼拜大殿是我国难得一见的明代伊斯兰教建筑，大殿高15米，面积480平方米，灰筒瓦庑殿顶，面阔五间，抱厦三间，窑殿三间，前部为中国传统木质结构，后半部则采用明代以后才发展起来的砖质结构。大殿前门楣上悬挂一饰金匾额，用阿拉伯文书写《古兰经》经文。殿内分布20根沥粉贴金的明柱，彩绘金灿灿的荷花和绿色的缠蔓花饰。大殿正前方为窑殿，窑殿顶部没有用一根木头，故称"无梁殿"。窑殿呈穹形，六个穹门是典型的阿拉伯式建筑，穹顶中心为"藻井"式装饰，是中国传统建筑风格。

东四清真寺的建筑颇具明代建筑特色，将中国传统建筑风格与阿拉伯式建筑艺术完美结合。东四清真寺是中阿文化相互融合的典范，是中阿友谊的象征。

大门（苑焕乔摄）

邦克楼（苑焕乔摄）

2.通州清真寺

通州清真寺，北京市文物保护单位，位于通州区城关镇清真寺胡同内。该清真寺始建于元延祐年间（1312-1320年），明正德十四年（1519年）重修，万历二十一年（1593年）扩建，清同治年间（1871年左右）仿照宫廷园林格局再次扩建，1931年、1945年加以修葺，规模日益宏大。

通州清真寺门上有一块黑底金字的匾额，上写"理宗原始"四字。院内左手边为沐浴室，右手是一座五开间的侧殿，现为会议室。正中为礼拜殿，门窗皆为红色，柱子上雕有金色的缠枝牡丹，额枋上画满蓝色的花卉，整个大殿古朴庄重，殿内绘有金黄色缠枝牡丹的柱子林立其间，地面上施穆斯林礼拜时用的垫子，殿内正面白色墙壁上开了三个半圆门，每个门上悬挂一块用阿拉伯文书写的匾额。这座院落的南面有女子礼拜堂，赭红色的门、厅柱，以蓝色为主画有花卉的额枋，十分气派。此外，在中轴线上还建有通天阁楼，外形仿故宫角楼式样，楼檐高悬"万寿无疆"匾额。

通州清真寺是以中阿结合的宫廷式建筑为主的建筑群，布局严谨，规模宏大。它对伊斯兰教在通州地区的传播与发展起了积极的作用。

院门与照壁（张斌摄）

礼拜殿（张斌摄）

女寺礼拜殿（张斌摄）

三 区县文物保护单位

1. 东外清真寺

东外清真寺，北京市东城区区级文物保护单位，位于东城区东直门外察慈小区6号。该寺原址位于东直门外小街北下关68号，其地原名二里庄，建于元代，因元大都城内外有不少西域色目人居住，故建寺供当时的伊斯兰教徒使用，后迁建于此。

东外清真寺为四合院式布局，坐西朝东，山门已拆除，现存建筑有礼拜大殿、东西配房等。礼拜大殿面阔三间，前出抱厦，后出窑殿。前抱厦硬山筒瓦过垄脊；大殿为大式硬山筒瓦调大脊；后窑殿硬山筒瓦过垄脊。在礼拜殿南北又各添建耳殿两间，筒瓦过垄脊。院内南北有配房各三间；另建东房三间，东殿南北各扩建耳房两间。在礼拜殿、北配殿之北建有阿訇用房、水房、办公室等建筑。

礼拜殿

第三章 北京的清真寺

元代文物"堵阿宜"

2. 花市清真寺

花市清真寺，北京市东城区区级文物保护单位，位于东城区西花市大街30号，与牛街礼拜寺、东四清真寺、锦什坊街普寿寺并称"北京四大寺"。目前普遍认为该清真寺建于明永乐十二年（1414年），分别于明崇祯元年（1627年）、清康熙四十一年（1702年）、清光绪二十五年（1899年）重修，"文化大革命"中花市清真寺宗教活动被迫终止，后经1985年、1994年两次大规模修葺后形成今日规模，现为北京市东城区伊斯兰教协会所在地。

花市清真寺为中国宫廷式四合院建筑，方圆约二十丈，院内原有四口水井，现仅存大殿南山墙角半个井眼。庭院的中心建筑是碑亭，台高四尺，重檐绿琉璃瓦，在朝北的亭檐上悬挂一黑底金字匾额，"清真古寺"四个大字刚劲有力。亭内立清雍正皇帝颁布的保护回民的《上谕》刻石，清灭亡后御碑被牵出亭外，久经风雨字迹不清，1999年崇文区伊斯兰教协会复制一块位于原石碑西侧。南北讲堂为阿訇办公室，北讲堂东为清真寺管委会办公室。礼拜大殿坐西朝东，位于碑亭西侧，是清真寺的主体建筑。大殿由抱厦、殿身、后窑殿三部分构成，每部分各有起脊的屋顶，由三卷勾连搭组成，第四层殿顶开六角亭式天窗，亭顶为绿色琉璃瓦，宛如一座亭阁。礼拜大殿面阔三间，内为四进，可同时容纳一千多人礼拜。大殿殿门上方悬挂一蓝底金字阿拉伯文匾额，其意为"真主确实是唯一的主宰"，大殿北面墙壁悬挂"洁净精微"四字匾额，南面墙壁悬挂"清真无二"四字匾额，为马福祥将军所提。殿内雕梁画栋，特别是窑殿顶上的藻井彩绘更是富丽堂皇，殿内还有两架柁为孔雀木，颇为珍贵。

花市清真寺整体布局严谨，环境清幽，是名不虚传的清真古寺。

礼拜殿

雍正七年上谕碑

3. 法源清真寺

法源清真寺，俗称"德外关厢清真寺"，北京市西城区区级文物保护单位，位于西城区德胜门外大街200号。该清真寺始建年代不详，有记载的最早的重修时间为清康熙初年。民国时期，该寺向西扩建，形成今日规模。2003年，西城区人民政府出资全面修缮，2007年完工后正式恢复对外开放。

法源清真寺坐西朝东，正门外原有照壁，石门额上题"开天古教"四字。二门外设有沐浴室，南为客房，二门内设南北讲堂。正中为礼拜大殿，面阔三间，顶部起一小亭，窑殿三间，为三卷勾连搭式。

礼拜殿（张斌摄）

礼拜殿内景（张斌摄）

4. 南下坡清真寺

南下坡清真寺，北京市朝阳区区级文物保护单位，位于朝阳区朝阳门外二条129号。该清真寺始建于清康熙初年，由于所处地势比较低洼故称为"下坡"，旧时也称"小寺"，与在其北面的上坡清真寺（旧时称"大寺"，于1948年被国民党军队以修工事为由拆除）相对。"文化大革命"中南下坡清真寺也遭到厄运，宗教活动被迫中断。1984年由朝阳区古建队重修，重新开放。

南下坡清真寺将中国传统的宫殿艺术与阿拉伯式建筑相结合。现有正殿132平方米，南北配殿共68平方米。正门为典型的阿拉伯式风格，中央是一个绿色大圆顶，圆顶上耸立着一颗象征伊斯兰教的新月，门楣上镶嵌"清真礼拜寺"五个金色大字。二道门内有南北讲堂，互相对称。正面为礼拜大殿，由前卷棚、大殿、窑殿三部分组成。大殿门前上端是一段用漂亮的阿拉伯文书写的《古兰经》经文，蓝底金字，其意为"一切清真寺都是真主的，故你们应该祈祷真主，不要祈祷任何物"。大殿悬挂一方巨幅匾额，是清庆亲王爱新觉罗·奕劻（1836-1918）所题"教隆宇宙，纲维二五"。窑殿上方为木质方亭，朱门红柱，青砖、绿瓦、金顶，称望月楼。

南下坡清真寺为我国穆斯林与其他各国穆斯林之间的联系和友谊发挥了积极作用，特别是改革开放以后，日益成为中外友好交流的一个重要窗口。

阿拉伯风格的正门

礼拜大殿内景

5. 常营清真寺

常营清真寺，北京市朝阳区区级文物保护单位，位于朝阳区朝阳北路。该清真寺始建于明正德年间（1506–1521年），清嘉庆元年（1796年）重修，1983年后又多次修缮。

常营清真寺坐西朝东，由南至北依次排列着三座寺门，北侧大门只起装饰作用，里面别有一门沿螺旋梯可直达门楼上平台，望月楼就建在平台之上。寺内共两进院落。第一层院落为接待客人的地方，北面为男女水房五间，其中男水房三间女水房二间，是穆斯林做礼拜前沐浴的地方，南面为会议室和接待室。西墙开两座二门，皆是精雕彩画的垂花式门廊。第二层院落为大殿院，分为规模与格局基本相同的南北两院，各有一座大殿，北院的为男殿，南院的为女殿。两座大殿均为三卷一抱厦，抱厦面阔三间，三卷由外殿、内殿和天房三部分组成。内殿与天房结合部有砖木结构殿亭一座，亭子顶部装有镀金月牙。两大殿院从南至北并列着三座讲堂。

自1984年以来，先后有摩洛哥、伊朗、土耳其、巴基斯坦、印尼、沙特阿拉伯等国的使团、外交官员、上层人士来常营清真寺访问参观。

正门

6. 长辛店清真寺

长辛店清真寺，北京市丰台区区级文物保护单位，位于丰台区长辛店镇大寺口胡同。该清真寺建于清代，光绪二十六年（1900年）重修。"文化大革命"期间宗教活动被迫停止，中共十一届三中全会以后恢复。

长辛店清真寺坐西朝东，占地面积五百多平方米，建筑格局采用中国传统四合院建制，全部建筑为砖木结构。正门由两扇绿色木板组成，上有金色大字"清真古寺"，正对大门有一块素面影壁。整个清真寺院落大体分为东、西两部分。东院由小卖部、居住室、男女水房、锅炉房组成。过二道门为西院，由礼拜大殿、望月楼和南北讲堂组成。礼拜大殿和望月楼以勾连搭形式相连。大殿面阔三间，屋顶为硬山顶，黑筒瓦，正上方有一条正脊，四条垂脊上分别排列五个走兽，门外有出廊，上方架卷棚顶与大殿相连，出廊由八根柱子支撑，梁枋施以彩绘，大殿东南角是女穆斯林做礼拜的场所。望月楼呈六角形，砖木结构为主，四周带廊，重檐攒尖顶。南讲堂供海里凡居住以及会客，北讲堂是阿訇的讲室和卧室。西院内另有石碑两块，一块写"万古流芳"，其余字迹模糊不清；另一块为1984年丰台区政府将长辛店清真寺列为区级保护单位时所立。

礼拜殿

礼拜殿抱厦彩绘

7.马甸清真寺

马甸清真寺,北京市海淀区区级文物保护单位,位于海淀区马甸南村7号,是北京著名清真寺之一。该寺始建于清康熙年间(1662-1722年),清道光三十年(1850年)修缮。

马甸清真寺总面积约为3800余平方米。该寺为四合院式布局,第三进院落为主体院落,礼拜大殿就坐落在这一庭院中,九级台阶烘托起16间大殿,大殿中为窑洞式殿堂,是具有中国特色的伊斯兰教建筑。大殿左右两侧为南北讲堂,南讲堂现为阿訇的宿舍,北讲堂是阿訇的办公室、讲堂。该寺还有专供女穆斯林礼拜的大殿,位于主体大殿的北侧。

礼拜殿

8. 马驹桥清真寺

马驹桥清真寺，北京市通州区区级文物保护单位，位于通州区马驹桥镇北门口村。该清真寺建于明代，清代重修。东向一进院落，轴线上有影壁一座，砖砌仿木结构，四坡顶，正面浮雕花鸟。礼拜大殿面阔三间，进深六间，勾连搭四卷，大式作法，窑殿为四角攒尖顶带绿琉璃宝瓶。殿内原保存线装手抄本《古兰经》，甚为珍贵，还有阿拉伯文经句，以楹联形式书于窑殿两壁。大殿前有月台，上置青砂岩制浮雕花卉圆座一件，繁密精美。另有南北讲堂各三间，小式作法，次间吞廊。"文化大革命"期间，山门被拆除，近年重建，外有围墙，院内植月季花数株，环境清幽。

望月楼（张斌摄）

9. 于家务清真寺

于家务清真寺，北京市通州区区级文物保护单位，位于通州区于家务乡于家务村。该清真寺建于明永乐年间（1403-1424年），清代重修。

于家务清真寺坐西朝东，一进院落，另带北跨院。正院面积1196平方米，长方形。山门一间，硬山筒瓦调大脊。主体建筑是礼拜殿，勾连搭四卷，面阔三间，进深六间，大式作法，彻上明造，窑殿为四角攒尖重檐顶，黑琉璃宝瓶，绿琉璃垂脊，黄琉璃走兽。南北讲堂各三间，次间吞廊，跨院井亭，六角攒尖顶筒瓦，隔扇门窗。

礼拜殿（张斌摄）

10.西贯市清真寺

西贯市清真寺,北京市昌平区区级文物保护单位,位于昌平区阳坊镇西贯市村。该寺始建于明弘治七年(1494年),原名"灌石村清正礼拜寺"。

该寺坐西朝东,占地2170平方米,院分两进,其建筑风格具有典型的伊斯兰特色。黄、绿琉璃色构件为皇家敕建。除三间大过厅、南北讲堂、寺门外两座琉璃瓦井亭毁于"文化大革命"外,其他房屋、殿堂仍合乎旧貌,继续延用,但比起清末民国初期的鼎盛时期相去甚远。寺内现存四块碑石,载七项碑文,其中最有价值的是《清乾隆二年(1737年)重修清真礼拜寺碑记》《清乾隆三十五年(1770年)重修礼拜寺记》《清宣统元年正月(1909年)公立西贯市清真寺兴学义捐碑记》,碑文记载了清真寺的历史沿革,历代修建扩建、重修的基本情况。

院门

11. 南一村清真寺

南一村清真寺,北京市昌平区区级文物保护单位,位于昌平区沙河镇南一村。该清真寺建于明嘉靖九年(1530年),后经多次修缮,现保存完整。

南一村清真寺坐西朝东,为三进三合院布局,面积达1000余平方米。寺门为穆斯林建筑风格,前院山门为中式,单檐歇山顶,砖出檐仿木结构,造型精美,正中匾额"清真寺"。山门北侧立《中华民国四年十月,昌平县知事、告示碑》。山门后是一垂花门,原有一块蓝底金字匾额,上书"得一真源","文化大革命"时期被毁。垂花门后抄手游廊把南北配殿连为一体。礼拜大殿坐西朝东,与望月楼连为一体,殿前走廊内有两块石碑,一为《大清光绪三十一年(1905年)石碑》,另一为《中华民国九年(1920年)石碑》。清真寺内有多株古树。

前院山门

12.南口清真寺

南口清真寺,北京市昌平区区级文物保护单位,位于昌平区南口镇南口村中。该清真寺占地900余平方米,是昌平地区比较大的清真寺,与昌平清真寺、沙河清真寺和西贯市清真寺合称"昌平四大清真寺"。始建年代不详,清光绪年间修缮,后经战乱已有多处建筑被毁。

南口清真寺坐西朝东,院落规整,现存山门、礼拜殿、北配殿、望月楼等建筑。正殿面阔三间,前出走廊,为勾连搭式结构。殿前有《清朝光绪二十年重修庙宇记事石碑》一通,为昌平清末民初著名学者马兆庆所撰写。北配殿面阔三间,南配殿仅存石基。与正殿相连的是拜月楼,为本清真寺的标志性建筑。一层保存完好,二层在"文化大革命"时期被破坏,后重修,为砖仿木结构,六角攒尖式阁楼。

望月楼

13. 五街清真寺

五街清真寺，北京市昌平区区级文物保护单位，位于昌平区城北街道五街。该清真寺始建于明永乐年间（1403-1424年），万历四十四年（1616年）重修，明、清两代多次修缮。"文化大革命"时期部分建筑遭到破坏，1995年，在县政府的支持下重修。

该清真寺坐西朝东，两进院落，建筑风格为中式四合院与穆斯林建筑结合。山门三洞，院内清静幽雅，进二门左手处有一口古井，门两侧是抄手游廊连接南北厢房。正对二门的是礼拜大殿，勾连搭结构，明三暗五，共二十四间。门口上方悬挂三块匾额，由南至北依次为"开天古教""泽被群生""独一无二"。大殿梁柱采用名贵的金丝楠木。殿前立两块石碑，北侧是明万历年间所立《重修礼拜寺记》，南侧是1996年所立《昌平清真寺重修碑记》。大殿南北两侧都有配殿。南侧配殿是"女殿"。出大殿往西走，绕过月亮门为望月楼，椽子均是砖石仿木结构，造型精美。

独具特色的院门

望月楼

14. 东白塔清真寺

东白塔清真寺,北京市大兴区区级文物保护单位,位于大兴区安定镇东白塔村。该清真寺始建于明万历二十三年(1595年),清康熙三十七年(1698年)重建,1944年第二次重建。1986-1987年进行了维修,建齐南北配房,修建了大门、轿子房和围墙。

东白塔清真寺占地面积1800平方米。主体建筑礼拜殿东向,三卷一廊结构,砖雕点缀彩釉花砖,尽显中西合璧风貌。殿前有大阅台,两侧有20余间配房,用为讲堂、沐浴室。

礼拜殿

15.薛营清真寺

薛营清真寺，北京市大兴区区级文物保护单位，位于大兴区庞各庄镇薛营村。该清真寺始建于明万历二年（1574年），清末民初重修，1979年由薛营村村民出资翻建南北配房26间，1987年对礼拜大殿进行较大规模修葺。

薛营清真寺坐西朝东，占地面积1500平方米，由礼拜殿、南北讲堂、东房和门楼组成四合布局。寺门宽3.2米，门洞深2.8米，门额上书"清真古教"四字，外门垛镶刻有经文的绿琉璃瓦，里门垛有风竹、雨竹两幅壁刻，门脊铺饰黄绿琉璃瓦。礼拜大殿为三卷一廊，进深22.4米，面积250平方米。殿顶由黄、绿琉璃瓦铺饰，殿前廊有明柱两根。前廊北侧有石碑一通，为清宣统年间重修清真寺所立。殿内有8根木质明柱，木拱门，门楣绘花草图案，沥粉贴金，拱门隔扇上绿彩书写赞主赞圣阿文。

院门

第四章
北京的教堂

基督教（天主教、东正教、基督新教的总称）是世界三大宗教之一，是欧美传统文化的重要源头。基督教在许多国家与地区，对人们的思想信仰、伦理道德、科学技术乃至风俗习惯都有着重大的影响。教堂，是基督教举行宗教活动的场所。教堂与每一位基督教信徒的生活息息相关，几乎所有基督教信徒的婚丧嫁娶等重大事宜都要到教堂举行宗教仪式。随着基督教的传入，西方那雄伟壮观、精美绝伦的教堂建筑艺术也传入了北京，一座座异域风格的教堂在北京这座东方文明古城中安家落户，构成了北京丰富多彩的教堂文化和人文景观。

自元朝始，基督教主要派别景教和天主教始传入北京地区。自元统治者入主中原建都后，元大都不仅成为全国的政治中心，而且也是基督教聂斯脱利派和天主教圣方济各派活动的中心，道教、佛教、伊斯兰教等源自不同区域的宗教都在元大都找到了发展的土壤与空间，并空前地繁荣起来。北京地区有据可考的最早的教堂，是位于北京房山区三盆山周口店车厂村的景教十字寺，该寺是元朝景教在北京地区流传的历史见证。元朝政府为了管理基督教，还专门设立了管理机构——崇福司。《元史·百官志》记载：崇福司，秩从二品，掌领马儿哈昔、列班、也里可温十字寺祭享等事。从当时基督教在元朝建堂传教的历史来看，最显著的特点就是基督教的传播紧紧依附于元朝统治者，不但传教士的衣食所需由元朝政府供给，就连教堂的修建也多依靠元朝政府出资。元朝灭亡后，基督教在北京地区的活动受到战事冲击而绝迹，当年基督教传教士在元大都修建的教堂绝大多数亦毁于战火。

基督教再次传入中国并且得到长足发展是在明清易朝时期。受西方宗教和文化熏陶的外国传教士的到来，在观念上构成了对明朝末年中国传统文化和宗教观念的挑战。与此同时，这些传教士自身的宗教观念也受到中国传统文化，特别是儒释道宗教观念的挑战。在这两种完全异质的文化和宗教观念相互挑战与应战的过程中，以利玛窦为代表的部分传教士采取了适应中国国情、遵奉当朝的法规和习俗的措施，并且努力在中国传统文化与基督教教义中寻找契合点。

北京地区现存的教堂多为明清时期所建，据历史资料统计，明末清初西方传教士与各传教团体相继在中国修建了上百个教堂。教堂虽然很多，但是大多已经拆除不存了。北京地区现存完整的最古老、最有名的教堂当数天主教的南堂、北堂、东堂、西堂和北京基督教会的崇文门教堂、缸瓦市教堂。北京地区天主教至今仍然进行宗教活动的教堂共有17所，其中6所在北京内城，其余11所分布在北京郊区。基督教新教教堂一般称为礼拜堂，基督教新教的礼拜堂多为1863年以后所建。北京基督教教会是由欧美不同国家的不同宗派差遣的传教士组织起来的，所以基督教新教所建教堂最多。据粗略统计：北京现有礼拜堂近百所，这些教堂分布于北京各个城区与远近郊区。

由于基督教派别不同，传入北京地区的时间不同，因此不同派别在北京地区的传教方式和所建教堂亦有所不同。这些由基督教不同派别所建的形形色色的教堂，在与中国传统文化的融合过程中，逐渐形成了独具特色的北京教堂文化，成为北京历史文化不可分割的一部分。

北京地区现存的教堂大多没有西方教堂那样豪华、重彩，而是在简朴中透出几分庄严之气。北京教堂建筑基本的形式包括罗马式、拜占庭式、哥特式、巴洛克式、文艺复兴式等等，朝向依照中国"坐北朝南为尊"的习惯（国外教堂大多为坐西朝东），其建筑特色的形成，与来华传教士多受中国古色古香的传统建筑风格影响有很大关系。来华的传教士在北京修建教堂时，在教堂和教会建筑的西方建筑模式中融入了中国庭院式的建筑风格，逐渐形成了独特的中西合璧式建筑特色。

北京现存的教堂及相关建筑遗存中，计有全国重点文物保护单位8处，北京市文物保护单位3处。

一 全国重点文物保护单位

1. 南堂

南堂，即宣武门教堂，全国重点文物保护单位，位于北京市西城区宣武门大街141号，是北京最早的一座天主教教堂，目前为天主教北京教区行政管理所所在地。该教堂始建于明万历三十三年（1605年），由意大利籍传教士利玛窦兴建，规模很小。清顺治七年（1650年），在德国籍耶稣传教士汤若望的主持下，在宣武门礼拜堂原址上翻建新工程，为中式风格。康熙四十二年（1703年）重修，十年后建成欧式风格，是北京城内继蚕池口天主教堂后第二座欧洲风格建筑。康熙五十九年（1720年）南堂建筑在地震中遭到损毁，次年由葡萄牙国王斐迪南三世出资重建。清乾隆四十年（1775年）毁于火灾，后重建。1900年6月南堂被义和团烧毁，后重修，1904年竣工，即为现存建筑。

南堂共有三进院落，大门为中式，其后的东跨院为教堂的主体建筑，西跨院为起居住房。主体建筑为砖结构，面向南方，正面的建筑立面为典型的巴洛克风格，三个宏威的砖雕拱门并列，将整个建筑立面装点得豪华而庄严，整个建筑里面磨砖对缝，精美的砖雕随处可见。室内空间运用了穹顶设计，两侧配以五彩的玫瑰花窗，整体气氛庄严肃穆。

宣武门教堂（老照片，首都图书馆提供）

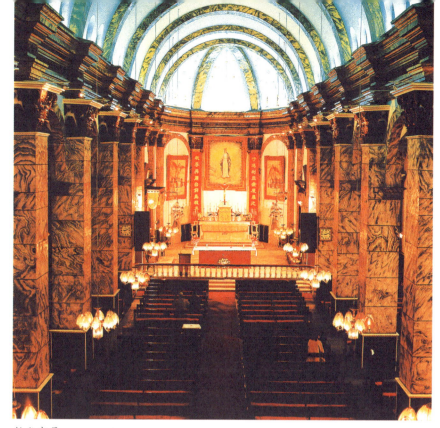

教堂内景

圣母山（张斌摄）

2. 亚斯立堂

亚斯立堂，全国重点文物保护单位，位于东城区崇文门内后沟胡同丁2号，是北京市目前最古老的一座基督教新教教堂，也是一所涉外的教堂，在国内外享有一定声誉。该教堂始建于1870年，以美国美以美会首任会督亚斯立（Francis Asbury）命名。由于初建规模较小，1880年美以美会在原址重建教堂，1900年在义和团事变中被焚毁，1902年由清政府拨款重建。1958年夏，北京市基督教实行联合礼拜，亚斯立堂暂停活动，礼拜堂及附属房屋由北京市第13女子中学（原慕贞女中，后改为第125中学）使用。"文化大革命"期间教堂内设备破损严重，1982年北京市政府拨款大规模整修，恢复聚会活动，并正式更名为"北京基督教会崇文门堂"。2001年北京市人民政府再次拨款重修。

1904年重建后的亚斯立堂造型为近代折衷主义风格，现存两组建筑。一为教堂大门，坐东朝西，立面三间，中间一间为门道，门道外立面用方壁柱和拱券装饰，门道两侧为警卫室和门房，仅留一拱券窗。檐部用砖砌出突出椽头和线脚，檐部以上为女儿墙，用突出的方柱头和雉堞造型装饰，建筑灰砖清水墙面，现保存完好。另一建筑为礼拜堂，地上一层，半地下一层，坐北朝南。平面为两个方形组成，形成两个独立空间，分成正、副两堂，中间以活动木墙相隔，立面向南，大门在两边布置，立面中心是个巨大拱券窗，两边附两个小券窗。大门在两边布置，均为拱券大门东部为主门廊，方形门廊上置一尖顶。教堂内部是木结构，木柱支撑三角桁架，主教堂上一座八角采光亭，亭檐下为采光窗，旁附有一个小八角采光亭。主立面和东西立面均置雉堞女儿墙，铁皮屋顶，装饰不多但工艺考究。亚斯立堂原为教区主堂，教区于1903-1909年形成，除教堂现仍保存有主教堂、同仁医院、慕贞女中部分建筑，是近代教会文化的实物遗存。

教堂（苑焕乔摄）

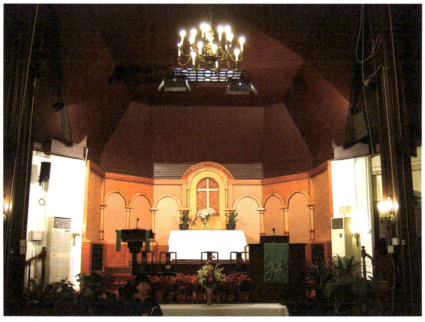

正堂前台（苑焕乔摄）

3. 西什库教堂

西什库教堂，原名"救世堂"，全国重点文物保护单位，位于西城区西什库大街33号。因其位于北城，也叫"北堂"。北堂原址位于中海西畔，也称"蚕池口教堂"，建于清康熙三十二年（1693年），后因清政府禁教政策被拆除，同治五年（1866年）在原址上重建，光绪十三年（1887年）为扩建皇宫，将原北堂迁至西什库重建，义和团运动中遭到破坏，光绪二十六年（1900年）重修保留至今。今为对外开放的宗教场所。

西什库教堂属哥特式建筑，平面呈十字架形状，通体洁白。顶端镶嵌护守天神，三座红漆大门雕刻莲花图案，正门旁边的墙壁上镶嵌基督耶稣的四位门徒圣保禄、圣伯多禄、圣玛窦和圣若望的雕像。墙壁上"路、亚、阿、来"四个大字非常醒目。正门前有一青石砌成的平石坛，四周有用汉白玉雕刻的56只小狮子组成的围栏。两座中式建筑黄亭耸立在教堂两旁，金黄色琉璃瓦覆盖双顶十二柱四角亭，亭内各有石碑一通，记载着北堂迁徙的原因和经过。教堂右边为圣母山，圣母玛利亚的雕像矗立在百花丛中。教堂内，五彩玻璃组成的耶稣圣像非常醒目，一根根高大笔直的红漆顶梁立柱和一幅幅悬挂在墙壁上的描述《圣经》故事的油画给人以庄严肃穆之感。教堂内可容纳两三千人同时礼拜。主教公署位于绿荫甬道东边，其他神职人员办公室位于甬道西边，教堂售书室和传达室位于一进教堂大门两旁。

历史上的西什库教堂（老照片，首都图书馆提供）

教堂内景

碑亭（梁怡摄）

4.十字寺遗址

十字寺遗址,全国重点文物保护单位,位于北京房山区周口店镇车厂村北三盆山下。该寺始建于东晋建武元年(317年),初为佛教寺庙。元至正十八年(1358年),寺院扩建,元顺帝敕赐"十字寺",改为景教(基督教的一支)寺院。明代复为佛寺。民国后逐渐衰落,现仅存遗址。

遗址现存殿基、院墙、石构件。由地基可以辨认出十字寺原来的概貌,看得出当年的十字寺有两排坐北朝南的殿宇,每排三间殿宇,两排相隔近十米左右。靠北面的地基略大些,应为正殿。东西各有配殿四间,与两排殿宇组成严谨的四合院式布局。遗址内仍完好的保存着两通汉白玉石碑,具有珍贵的历史价值。一为明代重刻辽应历十年(960年)《三盆山崇圣院碑记》,高204厘米,宽91厘米,厚20厘米。另一通为元至正二十五年(1365年)《大元敕赐十字寺碑》,高307厘米,宽92厘米,厚20厘米。在石碑附近,还保存了汉白玉雕刻的龟蚨石两个,石柱础四个,每一个柱础长78厘米,直径54厘米,高20厘米,雕刻有精美的葵花图案。

十字寺遗址是北京地区已知的唯一元代景教寺庙遗址,是古代中西文化交流的重要物证。

十字寺遗址

《大元敕赐十字寺碑》

5. 利玛窦和外国传教士墓地

利玛窦和外国传教士墓地，也叫"滕公栅栏传教士墓地"，全国重点文物保护单位，位于北京西城区车公庄大街三塔寺。这里在明朝曾是一杨姓太监的别墅，后改建为供奉地藏王的"仁恩寺"。1610年5月利玛窦病逝于北京后，其他传教士和利玛窦受洗的教徒向皇帝奏书，希望能让利玛窦安葬于北京，借此来认可教会和天主教在中国的合法存在。在内阁大学士叶向高等人的多方努力下，1611年，由徐光启主持，利玛窦被安葬于平则门外二里沟的"滕公栅栏"。自利玛窦入葬于此后，明末相继有邓玉函（Joannes Terrenz，日耳曼）、罗雅谷（Giacono Rho，意大利）、清初则有龙华民（Nicholas Longobardi，意大利）、汤若望（Johann Adan Schallvon Bell，德意志）、南怀仁（Ferdinand Verbiest，比利时）、郎世宁（Giuspppe Castiglione，意大利）等著名传教士、科学家、工程师、画家安葬在此。至19世纪末，安葬于"滕公栅栏"的欧洲传教士已逾百名。1949年中华人民共和国成立之后，外国神父被迫撤离了中国，栅栏墓地由中国天主教会人士管理，公墓被迁往海淀区西北旺乡。1954年，北京市委出资购买除教堂以外的所有建筑，以筹建北京市委党校。墓地内的墓碑，除利玛窦、汤若望、南怀仁的三块依照国务院宗教事务管理局指示在原地保留，龙华民等三尊石碑移至教堂后院外，其他教士教民的遗骨碑石，全部迁往海淀区西北旺乡的新开墓地。"文化大革命"期间，墓碑被平埋于地下。1973年，马尾沟教堂被拆，墓碑无人照管。1979年后墓地得到修复。现公墓东边有墓碑数十块，西边有墓碑三块：面向墓穴，中间为利玛窦墓，为中西合璧式，墓碑上刻着"耶稣会士利公之墓"；有拉丁文和中文两种文字："利先生，讳玛窦，号西泰，大西洋意大呈亚国人。自幼入会真修，明万历壬午年航海首入中华行教。万历庚子年来都，万历庚戌年卒，在世五十九年，在华四十二年。"

光绪年间刻石（梁怡摄）

利玛窦墓园入口（梁怡摄）

墓园（梁怡摄）

6. 中华圣经会旧址

中华圣经会旧址,全国重点文物保护单位,位于北京市东城区东单北大街21号。建于清宣统三年(1911),是专门印刷发行基督教圣经的机构。民国年间曾为基督教会青年活动的场所,1958年改为礼拜场所,后为北京基督教教务委员会所在地。

该旧址是一座中西合璧的建筑,共三层,平面为矩形,整个建筑下面为一米高的台基,周围有中国传统式样的石栏杆。一、二层主要房间都是一个大厅,南北两侧为次要辅助房间,三层层高较低,是较小的办公室和库房。外墙为灰砖清水砖墙。南墙有一入口,小门厅西侧为楼梯间,大厅北部亦有一次要楼梯间。出北门平台下至小后院,有一曲尺形平房,为厨房和储藏间。北侧平台下,有一小梯可下到地下室。在底层东南角屋内有一小铁门可通往密室。东、西立面中央都为三开间、两层通高之柱廊,海棠角方石柱,横梁处有雀替,檐下梁头做成石兽形向外伸出。柱廊两端的墙面一二层都开有大窗,全楼纱窗都是钢框铜丝纱网,金属窗框外安有安全铁栅。南北入口处都做成中式卷棚檐。屋顶为筒瓦屋面,调大脊,饰以吻兽。

南入口

7. 东堂

东堂，又称"王府井天主堂"，本名"圣若瑟堂"，全国重点文物保护单位，位于北京市东城区王府井大街74号，是继宣武门教堂（南堂）后北京第二座天主教堂。该教堂始建于清顺治二年（1655年），原为中式建筑，康熙五十九年（1720年）因地震倒塌，康熙六十年（1721年）扩建成欧式教堂。嘉庆十二年（1807年）失火被毁，光绪十年（1884年）重修成罗马式天主教堂。光绪二十六年（1900年）再次被火焚毁，光绪三十一年（1905年）重修形成今日形制。今为对外开放的宗教场所。

王府井天主堂建筑为罗马风格，坐东朝西，面阔25米，开间30间，建筑整体坐落在青石基座上，正立面共有三座穹顶式钟楼，楼顶立十字架三座，中间一座钟楼高大，两侧的钟楼和穹顶均相对较小。教堂内有18根圆形砖柱支撑，柱径65厘米，柱础为方形，堂内两侧挂着"耶稣受难"等多幅油画。自1988年王府井大街的改造始，东堂周围的建筑陆续拆除，教堂院门向西移动，在教堂西侧形成了一个城市广场，成为王府井大街的一道景观。

东堂今貌

东堂内景

8.中华圣公会教堂

中华圣公会教堂，又名"英利甘教堂""中华圣公会救主堂"，全国重点文物保护单位，位于北京市西城区佟麟阁路85号，曾是中华圣公会华北教区的总堂，亦是圣公会在北京兴建的第一所教堂。该教堂建于清光绪三十三年（1907年），由圣公会华北教区主教史嘉乐请人设计施工。1911年，经民国时期北京政府登记，正式成为中华圣公会教产。1949年后圣公会逐步退出中国内地，该教堂成为北京电视技术研究所库房，现为塞翁信息咨询服务中心办公场所。

中华圣公会教堂建筑代表了1900年后北京教堂的复古主义风格，建筑材料选用青砖、灰筒瓦。教堂为南北走向长方形建筑，建筑平面为双拉丁十字形，南北走向的建筑主轴采取巴西利卡设计，两道东西走向的横翼，南侧规模较大，北侧比较短小。在南北走向的教堂主轴与两条东西走向的横翼的交点，各自建有一座中式八角亭子作为教堂的钟楼和天窗。建筑的正门位于南侧山墙正中，山墙取中国传统建筑的硬山形式。正门两侧及门楣上方有汉白玉雕楹联，右侧书"此诚真主殿"，左侧书"此乃上天门"，横批为"可敬可畏"，正门上方的山墙上开有圆形玫瑰花窗一座，体现出哥特式建筑的痕迹。正门两侧侧廊的山墙为单坡硬山，山墙底部镶嵌有四通石碑，记述了教堂修建以及修缮的历史。教堂内部结构也同样是中西建筑风格统一的典范，其承重结构均为典型的中国式建筑风格，以木柱、桁架支撑屋顶荷载，地面铺设木质地板。教堂平面十字处设立圣坛，圣坛亦为木质，四周以中式红木围栏，雕有花草装饰，圣餐桌背后设有中式冰纹格子隔扇，圣坛摆设均为传统中国红木家具。教堂内设圣洗池，并且配备有完整的上下水装置，是当时建筑中非常少见的。

中华圣公会教堂（张斌摄）

钟楼(张斌摄)

教堂内景(张斌摄)

二 北京市文物保护单位

1.天主教圣母会法文学校旧址

天主教圣母会法文学校旧址，北京市文物保护单位，位于西城区前门西大街。该学校于清光绪三十四年（1908年）由南堂天主教圣母会创办，原为法文专科学校，由法国工部局管辖，由圣母会修士任教。1921年后改为南堂小学，1943年改为南堂中学，均属天主教圣母会，后为职业中学使用。该学校建筑面积约5000平方米，前出轩式二层楼，为北京中西结合建筑的代表作。1984年与南堂共同被公布为划定保护范围及建设控制地带，保护范围系东至学校旧址二层楼南端东墙，南、西至规划红线，北至三十二中北围墙及工厂北墙。

北楼（张斌摄）

南侧建筑（张斌摄）

2. 圣米厄尔教堂

圣米厄尔教堂，又名"台基厂天主堂"，北京市文物保护单位，位于东城区东交民巷甲13号，是北京城区最小的天主教堂。该教堂始建于清光绪二十七年（1901年），为法国高司铎(神父)创建，也是北京修建的最后一个天主教堂。1904年开堂后，以在华外国人为主要服务对象，主堂神父和辅助神职人员均为法国籍人士，并归法国教会管理。1949年后，天主教北京教区接管了圣米厄尔教堂的建筑和地产，圣米厄尔教堂被划归北堂管理，1958年由于政策变化，天主教会的活动受到限制，圣米厄尔教堂被关闭，建筑与地产被政府没收，划归东交民巷小学，建筑在一定程度上受到损害。1986年东交民巷小学从圣米厄尔教堂完全迁出，1989年12月23日重新开堂。

相比于天主教在北京的四大教堂——南堂、北堂、东堂和西堂，圣米厄尔教堂的历史短，规模小，但建筑小巧精致，是北京市区内少有的没有经过彻底毁坏和重建的天主教堂。教堂现存建筑占地面积2656.4平方米，主体建筑为典型的哥特式风格，高二层，坐北朝南，东西面阔三间，南北进深十四间。堂内为木结构，顶部用肋状拱券，以圆柱支撑，地板铺有花砖甬道，东西两侧装饰有法国制作的玻璃花窗。教堂正门上方为圣米厄尔的雕像，他是圣经中保护以色列子民的总领天使，被教会视为新约子民的护守天使。这尊天使像雕刻精美，细节鲜明。除了哥特式的教堂主体建筑之外，在教堂北侧还有一幢西洋风格的二层小楼，是本堂神甫的居所。教堂东侧有十间砖砌平房，平面布局均用北京传统民居的格式，但门窗却施以拱券结构，堪为中西合璧之作。

圣米厄尔教堂
（老照片，引自《旧京史照》）

圣米厄尔教堂今貌

3.永宁天主教堂

永宁天主教堂，北京市文物保护单位，位于延庆县永宁镇南大街。建于清同治十二年（1873年），光绪二十六年（1900年）因义和团起事被火焚毁，光绪二十八年（1902年）用庚子赔款重建。1976年被改作粮库使用，部分建筑被拆毁，1986年恢复宗教活动。

教堂呈南北向长方形，巴西胜卡式布局，坐北朝南，总建筑面积750平方米。建筑造型采用哥特复兴式风格，主要由正门、教堂、配房等部分组成。正门两侧有方形砖柱两根，酱紫色大门上方为拱，两边镶白色球。堂内正北墙悬挂耶稣圣像，祭台前有诵经用的跪凳数十排，四周墙壁挂有耶稣生平活动图。教堂面阔13.5米，通进深26.4米，周围有中式风格配房八间及大门，院内有《诸位信友致命者墓碑》一通。教堂前有砖柱八条，其中前方四柱夹着三个三角，中间三角内雕十字架。

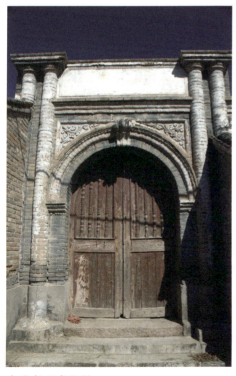

古典复兴式院门

哥特复兴式建筑

三 区县文物保护单位

1. 南岗子天主教堂

南岗子天主教堂，北京市东城区区级文物保护单位，位于东城区体育馆路永生巷6号。该教堂建于清宣统二年（1910年），由东交民巷天主教堂的法国神父柯来孟、弥厄尔教堂仁爱会法国修女依搦斯和若瑟会修女夏大姑等人共同筹建。1923年，仁爱会修女们集资对南岗子教堂进行了改建和扩建。在放生池胡同（即现在的永生巷）购买坟荒地新建教堂一座，即南岗子天主教堂（包括圣堂、神父院、厨房院等）。教堂主建筑为典型欧洲风格建筑，正面中间为一高耸的钟楼，楼下正门三洞，堂内左右两排廊柱，柱外侧有壁窗两排，教堂呈长方形，正面设主坛。另建学房七间，名为"惠我第四分校"。

新中国成立后，南岗子天主教堂经历了三次较大的变化。第一次是1952年修女院作为孤儿院使用。第二次是1958年，国家动员宗教团体参加社会主义建设，教会在该年年底将教堂关闭，以后又将大部房间交给区教育局使用。第三次是1978年，党的十一届三中全会以后，重新落实宗教政策，1986年2月，将南岗子天主教堂恢复使用，于同年9月正式开堂，并恢复了修女学校。

教堂正立面

教堂内景

2.西堂

西堂,即西直门天主堂,全称"加尔默罗圣母圣衣堂",北京市西城区区级文物保护单位,位于西城区西直门内大街130号,是北京四大天主堂中历时最短、规模最小的一个,也是四大天主教堂中唯一一个不是由耶稣会士建立的教堂。该教堂始建于清雍正元年(1723年)。清嘉庆十六年(1811年)清政府颁布命令严禁天主教,天主教传教士除在政府供职者外,一概不许居住京城,并不得从事传教活动。同年西直门天主堂的四位神父被驱逐出境,教堂被拆除,地产被查没,直至1860年,西堂和住房才还给天主教会。清同治六年(1867年),西堂重建,光绪二十六年(1900年),在义和团运动中被焚毁。1923年再次重建,恢复原貌。"文化大革命"期间,西堂被没收,曾经先后被用作纽扣厂、电扇厂和同仁堂制药厂的仓库,其间教堂三层高的尖顶钟楼也被拆除。1994年,西堂重新开放,恢复了正常的宗教活动。

西堂坐南朝北,哥特式建筑,共有两层楼,南为祭台,北为钟楼,外观呈瓦灰色。教堂东侧有附属建筑。教堂原建有一座三层高的尖顶钟楼,"文化大革命"期间拆除钟楼后,仅在教堂主体建筑北侧余下一座一层楼高的八角形墩台。教堂建筑的表面被浓密的爬山虎覆盖,内部的科林斯柱和尖顶券窗使得整个建筑高大华丽。圣母山建在门内,是为北京唯一一座建在室内的圣母山。教堂新修后,新建洗礼池,重新强调入门圣事的完整性。洗礼池为八角形,采用北京本土出产的白色大理石,池中嵌有浅蓝色马赛克,池底中央有一金十字架,洗礼使用后的圣水排放到圣母山前的水池中。

西堂(老照片,引自《旧京史照》)

西堂内景

再堂今貌

3. 清水镇天主教堂

清水镇天主教堂，北京市门头沟区区级文物保护单位，位于门头沟区清水镇张家铺村。始建于清光绪年间（1875-1908年），光绪二十六年（1900年）"庚子事变"时被义和团焚毁。1917年重建，重建的张家铺村天主教堂为坐北朝南的两层楼。底层为主堂，北房五间，面阔16.3米，进深8.1米，硬山清水脊，磨砖对缝，祭台上方有仿制西什库教堂康熙御笔"万有真原"的匾额。东西厢房各两间，南房三间。全院皆为方砖铺地。大门为木门，坐东朝西。门额上方有"天主教堂"四个楷书大字。第二层是一间钟楼，内吊一口直径一米的大钟。这次重建后的天主教堂在抗日战争时被日军焚毁，1945年抗战胜利后由村民出力进行了简单修葺。由于东、西厢房和三间南房已经倒塌，这次修葺只是将五间北房加盖了简易房顶，新辟了三个门。新建了教堂大门，开在院子西南部，硬山清水脊，木制板门，下包云纹状铁皮。但教堂院内所有房屋建筑依然残破不堪，这座具有历史价值的老教堂亟须维护和修缮。

残存建筑

后记

经过两年多的实地考察、资料收集与分析、撰写、编辑，我们终于能够拿出《北京寺庙观堂》这份书稿。

《北京寺庙观堂》是"北京学丛书·流影系列"的组成部分。本书对北京现存寺庙观堂进行了整理，以佛教、道教、基督教（天主教、东正教、基督新教）、伊斯兰教几大宗教类别分列，以文物管理部门公布的各级文物保护单位名录为体系。书中资料以国务院公布的第一批至第七批全国重点文物保护单位以及北京市公布的第一批至第八批市级文物保护单位为准，国家级与市级全部收入，区县级因受篇幅限制只收入部分。

本书以影像为主要表现手段，配以简明的文字说明，建立了较为完整的影像资料体系。收录了北京地区的寺庙观堂共计142处，其中道教宫观39处、佛教寺庙71处、伊斯兰教清真寺18处和基督教教堂14处，收录图片总计350余幅，除部分珍贵的老照片外，图片多数为第一作者拍摄。

面对这些得来不易的图片与文字，我们感到既欣慰又惶恐。欣慰的是终于完成了书稿，惶恐的是书中可能存在遗憾，有的是因为客观条件所限而无法深入展开，有的则是因为受制于我们这个团队的知识结构和学术素养。我们预期本书的主要读者应该是从事宗教文化、文化遗产保护事业的工作人员以及相关专业的教学科研人员，我们期望本书能对这些读者有一定的帮助，更期望读者对我们的工作提出宝贵意见。

本书的第二作者田雪是北京理工大学设计与艺术学院文化遗产专业的硕士研究生，在本书的编辑过程中承担了部分资料整理、文字编写等重要工作。作为她的导师，我很高兴地看到她在学术研究道路上的努力与进步。

在书稿付梓之际，要感谢太多的人。

本书是北京市哲学社会科学北京学研究基地2012年立项课题的成果。作为研究北京的一个重要学术机构，北京学研究基地对本书的编写给予了重要支持和具体指导。在此要特别感谢基地主任张宝秀教授和首席专家张妙弟教授。

感谢北京联合大学民族与宗教研究所的各位老师。特别感谢北京宗教文化研究专家佟洵教授，他在本书编写过程中给予了帮助与指导，并在百忙之中为本书作序。

感谢为本书提供图片的王德平、梁怡、张培力、叶盛东、苑焕乔、朱永杰、张斌、孙明进等各位老师。

感谢北京理工大学设计与艺术学院，是这片学术沃土使我们得以扎根、成长。

感谢首都图书馆的李诚老师为本书提供了珍贵历史图片。

感谢北京市文物、宗教各级管理部门的诸位同志为本书提供了重要资料和意见。

感谢北京大学出版社林胜利、周丽锦、董郑芳等诸位老师，他们为本书的出版工作付出了大量辛劳。

对于长期以来关心帮助我们的领导、同志、朋友，谨在此一并衷心感谢。

千年古都北京，历史悠远而厚重，发展任重而道远。作者愿意在北京学研究这个广阔天地中持续学习和探索，祈各界老师、同仁不吝赐教。

张帆
2014年12月

图书在版编目(CIP)数据

北京寺庙观堂 / 张帆，田雪著. —北京：北京大学出版社，2016.5
（北京学丛书·流影系列）
ISBN 978-7-301-26875-9

Ⅰ.①北… Ⅱ.①张… ②田… Ⅲ.①寺庙–介绍–北京市 Ⅳ.①K928.75

中国版本图书馆CIP数据核字(2016)第025287号

书　　　　名	北京寺庙观堂 Beijing Si Miao Guan Tang
著作责任者	张帆　田雪　著
责 任 编 辑	董郑芳（592564478@qq.com）
标 准 书 号	ISBN 978-7-301-26875-9
出 版 发 行	北京大学出版社
地　　　　址	北京市海淀区成府路205号　100871
网　　　　址	http://www.pup.cn
新 浪 微 博	@北京大学出版社
电 子 信 箱	ss@pup.pku.edu.cn
电　　　　话	邮购部62752015　发行部62750672　编辑部62765016
印 刷 者	北京大学印刷厂
经 销 者	新华书店
	787毫米×1092毫米　16开本　18.75印张　150千字 2016年5月第1版　2016年5月第1次印刷
定　　　　价	85.00元

未经许可，不得以任何方式复制或抄袭本书之部分或全部内容。
版权所有，侵权必究
举报电话：010-62752024　电子信箱：fd@pup.pku.edu.cn
图书如有印装质量问题，请与出版部联系，电话：010-62756370

本书未署名照片均系张帆拍摄。